唐帝国的香气

殷靖 著

江苏凤凰文艺出版社

图书在版编目（CIP）数据

唐帝国的香气 / 殷靖著. -- 南京：江苏凤凰文艺出版社, 2025.8. -- ISBN 978-7-5594-9720-8
Ⅰ. K242.09
中国国家版本馆CIP数据核字第2025P4Y162号

唐帝国的香气

殷　靖　著

出 版 人　张在健
责任编辑　杨威威
特约编辑　钟小萌
装帧设计　乐　翁
责任印制　杨　丹
出版发行　江苏凤凰文艺出版社
　　　　　南京市中央路165号，邮编：210009
网　　址　http://www.jswenyi.com
印　　刷　苏州工业园区美柯乐制版印务有限责任公司
开　　本　880毫米×1230毫米　1/32
印　　张　10.875
字　　数　209千字
版　　次　2025年8月第1版
印　　次　2025年8月第1次印刷
书　　号　ISBN 978-7-5594-9720-8
定　　价　49.80元

江苏凤凰文艺版图书凡印刷、装订错误可随时向承印厂调换

唐代《明皇幸蜀图》(局部)

唐代敦煌莫高窟壁画《雨中耕作图》

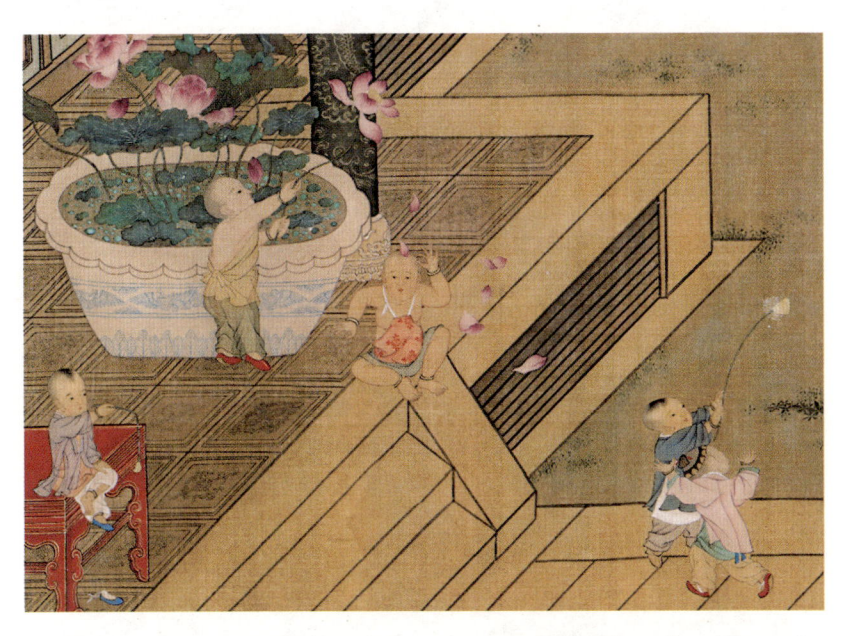

唐代周昉《麟趾图》(局部)

唐代吴道子《西旅贡獒图》

目 录

第一章　大隋王朝的近亲
第一节　非同一般的家族 / 003
第二节　和皇帝沾亲不是什么好事 / 007
第三节　造反前的准备 / 010
第四节　大隋王朝睡在身边的敌人 / 013
第五节　大唐建立 / 016

第二章　大唐王朝的开局
第一节　最大对手的陨落 / 023
第二节　李世民扫灭群雄 / 027
第三节　战神显威 / 030
第四节　轮番上阵的皇子 / 034
第五节　玄武门之变 / 038

第三章　贞观之治
第一节　政变后遗症 / 045
第二节　一心务农的皇帝 / 049
第三节　遵纪守法的皇帝表率 / 052

第四节　皇帝的镜子 / 056
第五节　天可汗 / 060

第四章　理不清的家务事

第一节　荒唐的太子 / 067
第二节　更换太子的风波 / 070
第三节　皇位的诱惑 / 074
第四节　一波三折选太子 / 078
第五节　大帝谢幕 / 082

第五章　短暂的永徽之治

第一节　合格的皇帝 / 089
第二节　一个不同寻常的女人 / 093
第三节　向着目标飞奔 / 096
第四节　皇后位置争夺战 / 100
第五节　在孤寂中落幕的皇帝 / 104

第六章　被女皇登基打断的大唐

第一节　闯关 / 111
第二节　武则天的王朝酷吏 / 114
第三节　值得称道的女皇 / 118
第四节　喜之郎带给女皇的快乐 / 122
第五节　挡不住的衰老，抵不过的流年 / 125

第七章　血腥换班

第一节　李唐复国 / 133

第二节　荒唐的皇帝 / 136

第三节　荒唐政变与帝王的冷酷 / 139

第四节　死在夫人和女儿手上的皇帝 / 143

第五节　政变没有停息 / 147

第八章　开元盛世大合唱

第一节　救时宰相 / 155

第二节　能干的宰相群 / 159

第三节　新的天可汗 / 162

第四节　开元时期的经济成就 / 166

第五节　盛唐气象 / 170

第九章　盛世悲歌

第一节　嗜权如命的奸相 / 177

第二节　祸起萧墙 / 181

第三节　骨肉相残 / 184

第四节　憋屈的太子 / 188

第五节　爱上了不该爱的人 / 192

第十章　美好的日子一去不复返

第一节　安史之乱的缘起 / 199

第二节　自乱阵脚 / 202

第三节　分道扬镳的父子 / 206

第四节　力挽狂澜 / 210

第五节　两对奇葩父子 / 214

第十一章　王朝掘墓人

第一节　父子间的战争 / 221

第二节　挽救大唐的双子星 / 224

第三节　宦官专权和藩镇割据 / 228

第四节　捞钱天子 / 232

第五节　天子与宦官的博弈 / 236

第十二章　大唐的终局

第一节　皇帝不出自家门 / 243

第二节　牛李党争 / 246

第三节　最后的辉煌 / 250

第四节　造反风暴 / 254

第五节　大唐终结 / 258

第十三章　那些花香之一：大唐初期的文化范

第一节　兵家圣人 / 265

第二节　绘画天才和书法家 / 268

第三节　开创中国禅宗的大师 / 272

第四节　医家孙思邈 / 276

第五节　唐诗的发端 / 279

第十四章　那些花香之二：大唐文化的繁荣

第一节　观天人 / 287

第二节　山水田园派诗人 / 290

第三节　边塞诗人 / 294

第四节　诗仙与诗圣 / 298

第五节　一笔字,一首诗,同是大唐奇异花 / 301

第十五章　那些花香之三：夕阳无限好

第一节　韩愈、柳宗元的文化复古运动 / 309

第二节　诗人间的冲突 / 313

第三节　豪放和隐晦,都是诗歌表达的情 / 316

第四节　语不惊人死不休的诗人 / 320

第五节　唐诗是谜也动人 / 324

附　录

大唐皇帝之最 / 331

第一章

大隋王朝的近亲

第一节 非同一般的家族

中国历史上的王朝奠基人,即位后的头一件事,就是册封自己的祖先。好像如果不给自己找一位出身显赫的祖先,皇位就得来不正一般。大唐的开国皇帝李渊,自然也不免俗。再加上从民族血统上来说,李家人的身上还有少数民族的血统。所以,李唐建立后,在皇家的牒谱上给自己攀了一门高亲,说自己的七世祖是凉武昭王李暠。

之所以这样做,目的很简单:自己的祖上是一国之王,自己当皇帝的资格,还是有的。但细究李家的来历,应该说和中国历史上的名门望族扯不上关系,虽然都姓李,但充其量只能是名门望族的破落户,更大的可能还是冒牌货。

但英雄不问出处,尤其在长达数百年的南北朝乱世,只有显赫的家族,是保不了命的。自晋朝建立以来,建立了门阀政治,这种制度不但没有把王朝带向鼎盛,还因为政治腐朽而招致灭顶之灾。每次大的动荡,北方的名门望族都是军阀杀戮的对象,因此,要在刀锋下活下来,除了有勇力之外,别无他法。

大唐开国皇帝李渊的祖上虽然不那么有名,但来历也不简单,他的爷爷是西魏柱国大将军李虎,而西魏能获得柱国大将军称号的人只有八个,数量如此之少,可见李虎还是有两把刷子的。等到北周立国时,李虎虽然已经去世,但北周皇室宇文家族还是感念李虎的功劳,追封其为唐国公。没想到这一无心之举,却为日后建立的大唐先确定了国号。

李虎虽然不在了,还有儿子李昞。王朝的爵位是世袭的,而李昞不仅承袭了父亲的爵位,还承袭了父亲的能耐。他当过刺史、主管和柱国大将军,在那个乱世,若自身没一点本领,被皇帝派出去独当一面,只会落得被人砍了报功的下场。而李昞却是靠自己的实力,砍了敌人,为自己争功劳,并得以一步步晋升。他为儿子将来世袭自己的爵位,打下了基础。

李渊七岁就继承了家里唐国公的爵位,长大后,他的性格豁达,善于结交各类人物,在都城长安,算是一个有名的官二代。等到了要娶亲的年龄,都城的几大权贵家族秉承肥水不流外人田的原则,婚配要在圈子内解决,于是纷纷开始在权贵家族中寻找符合的人选。

作为一个交游很广、家里又有背景的人,对于谁家的女儿好,自然是清楚的。所以,李渊很容易就找到与自己门当户对、同为国公的窦家。李渊准备向窦家掌门人窦毅的女儿提亲。但都城里权贵之家有儿子的不只是李渊一人,好女百家求,李渊的竞争对手很多,能不能抱得美人归,还要看他的本事。

窦家不仅是功臣之家,还和皇室结亲。窦毅的夫人是北周皇帝周武帝的姐姐,所以窦家的这个女儿就是皇帝的外甥女。周武帝很喜欢窦家这个外甥女,所以没让她住在家里,而是直接养在宫里,让她拥有和公主一样的待遇。

女儿拥有这样的身份,让窦毅觉得,不能随便找个人来当自己的女婿。面对着一群官二代和富二代,窦毅想到干脆来个比武招亲。

这个比武招亲不是那种上马打打杀杀,下马比谁的拳头狠的形式,功勋之家,虽然见惯了流血的场面,但也不能在选女婿这件事上玩这种低俗游戏。窦毅想了一个很雅的法子,在家里的屏风上,画了一只孔雀,然后把那些求婚的官二代和富二代召集起来,规定不管是谁,只要射中了孔雀的眼睛,就是他的女婿。

射箭这种技艺,不是一般人能练成的。结果,一干富二代、官二代射了半天,连孔雀的羽毛都没射中。轮到李渊时,他轻易地射中了目标。没说的,女婿就是他了。于是,李渊和窦家女儿成亲。婚后的日子比较美满,两人生了四个儿子一个女儿。

李渊的夫人是北周皇室家族的女儿,而他自己也和皇室沾亲,只是两家所沾亲的皇室不是同一家。南北朝时期是中国同期王朝数量最多的时代,在北周武帝死后没多久,天下就被隋国公杨坚夺取了。杨坚建立了隋朝,而杨坚的夫人独孤皇后和李渊的母亲是姐妹,所以杨坚是李渊的姨夫。

这种一家兼顾两个不同朝代的皇室的现象,在那个时期并不少见。只不过这种皇室加皇室的亲缘关系,可不是现在中了五百万再中五百万的幸运儿,而是伴随着随时都要掉脑袋的厄运。更何况李渊的夫人窦氏对隋文帝杨坚篡夺北周的江山,一百个看不惯。当初隋文帝把北周末代皇帝赶下宝座时,窦氏还是个小丫头,她的反应就是对自己的父亲窦毅说:"可惜我不是男子,不能为舅舅家报夺位之仇。"吓得窦毅赶忙捂住她的嘴说:"这可是要灭门的话,千万不要乱说。"

李渊有这样的夫人,再加上本人有能耐,和皇室的关系又亲密,这种皇亲国戚,无论放在哪朝都是要么富贵无比,要么就是皇帝防范的对象,没有第三种选择。果然,到了隋炀帝即位时,怎么看李渊都不顺眼,最后找了个碴儿,把李渊赶出京城,发放到楼烦(今山西静乐)做地方官。

从繁华的都城长安被赶到荒凉的楼烦,让李渊明白哪怕是皇亲,只要皇帝不待见,那也就跟老百姓没什么两样。于是,他开始想办法托关系,走后门,给皇帝表兄杨广送各种好玩的、名贵的东西。终于把杨广哄高兴了,又把他调回了京城长安,出任殿内少监。责任不大,主要负责采买宫廷内的物资。没多久,杨广觉得李渊干得还不错,又提拔他当了负责管理国家兵器库的卫尉少卿,算是走进了军队将官的序列中。

到此时,作为皇亲,李渊的人生之路还算是顺利的,职务悠闲,待遇不错,如果没有什么意外发生,那么他的富贵生活也不会到头,会随着大隋朝的荣光而继续荣光下去。但这时,意外发生了。

第二节　和皇帝沾亲不是什么好事

挑动意外发生的不是别人，正是皇帝杨广。从历史上看，隋炀帝杨广并不昏庸，相反，其才能在中国众多的皇帝当中，还应当属于上等。有这么好的才能，哪怕稍微用一点心，杨广就能成为明君。但他偏偏放着容易的事不做，要去折腾，而且还不是小折腾。这一折腾，让刚刚建国没多久的大隋朝开始风雨飘摇了。

公元605年，隋炀帝刚坐上皇帝的宝座还不到一年，就决定修建洛阳城，开挖大运河，巡游江都城。按理说，修建城市、开挖运河，这都不算是什么恶政，但隋炀帝却把这两件花大钱的事放一块干，再加上巡游江都也是花钱无数的大事，一下子就惹得万民抱怨了。

对民众的抱怨，作为皇帝的杨广有权听不见。所以，他的折腾没有停止，反而向高程度发展，那就是战争。公元607年，杨广在和突厥首领等人会面时，可能是酒宴上喝多了，看高丽国的使者不爽，就对使者说："明年叫你们的国王亲自来。"没想到高丽国国王高元没把杨广的话当圣旨，第二年不但自己不来，而且连使者都没来。这下，杨广觉得伤自尊了。怎么办？他一生气，便派出百万大军，打算灭了高丽。

没想到，高丽国不是一块容易吞下去的肥肉，相反是一根硬骨头。杨广第一次征讨高丽，兴冲冲地去了，到最后活着回来的却只有三千多人。杨广不服气,半年后,亲自挂帅讨伐高丽。这一次很顺利,在快要攻下高丽国都城时,不想后院竟然起火,大隋朝的礼部尚书杨玄感造反,发兵围攻洛阳,杨广只好急忙命令部队撤兵。结果,不但没有把高丽攻下来,还损失了大批的军用物资,让高丽国大发一笔战争财。

造反的杨玄感是隋朝开国功臣杨素的儿子,而杨素是为杨广即位当皇帝立过汗马功劳的人。但自古以来帮助皇帝即位的人,一般都讨不到皇帝的什么好处。杨素也一样,处处受到杨广猜忌。哪怕是得重病后,杨广还派人去看他到底死没死。杨家的这种遭遇,让杨玄感觉得跟着杨广混没什么意思。虽然他是杨广身边小圈子里的人,却处心积虑想造反。终于,利用杨广亲征高丽的机会,杨玄感扯旗造反,一度声势浩大,但由于志大才疏,再加上大隋朝这时根基牢固,所以很快就失败了。

在杨玄感造反时,李渊第一时间向杨广报警,这让杨广对他很放心,马上任命他为弘化郡留守,负责防卫都城长安的西北门户。这样,李渊就从一个军械库的长官一跃成为拥有地方实权的一把手。

李渊到弘化之后,马上对当地兵马进行集结,并开始向潼关附近集结,准备防备杨玄感进犯潼关。但他的兵马还没到潼关,杨玄感就兵败被杀。虽然李渊没能立功,但杨广却觉得自己的这位表弟责任心很强,就把这一大块地方交给他来打理。

正当李渊想着当隋朝的忠臣时,杨广却开始不放心他了。平定了杨玄感的叛乱后,杨广不但没有接受教训,相反认为杨玄感之所以能造反,就是因为天下无所事事的人太多了。怎么办呢?杀!于是杨广开始变本加厉地对百姓进行掠夺和杀戮,使得天下更为动荡,百姓都有了改朝换代的渴望,这种渴望就通过民谣表现了出来。其中,有的民谣就和李渊有关,如"杨氏将灭,李氏将兴""桃李子,有天下"等。杨广是个聪明人,这样直白的民谣,他一下子就明白了,这就是说姓李的人将会取代自己当皇帝。

有了目标,剩下的就好办了。杨广对朝中姓李的大臣进行整治,要么杀掉,要么罢黜,而李渊姓李,又是皇亲,比一般人造反,更有成功的条件,这自然更让杨广不放心。而这时李渊在弘化一带整军备战,业绩不错,使得一向多疑的杨广觉得有必要试探一下李渊对自己是何居心。于是他一道命令下到弘化,让李渊进宫述职。

李渊是个精明人,又和杨广是一块玩到大的,现在形势这么复杂,又刚刚经过大乱,杨广召自己去是什么用意,当然猜得到。为了防止到了杨广跟前,一个不对被他杀了,李渊就向杨广打报告,说自己非常想去汇报工作,但身体有病,不能远行,只能等病好了再去觐见。

杨广收到信后,虽然不除疑,但也没把李渊怎么样,只是时不时派人去看看他。而李渊也会时时注意不在使者面前露出什么值得怀疑的地方。就这样,暂时把这危险的事糊弄

过去了。

正当李渊觉得危险过去时，更大的危险却降临了。李渊有个外甥女是杨广的后宫之一。一次，杨广问她："我叫你舅舅来汇报工作，怎么还不来？"李渊的外甥女说舅舅病了。杨广听了，不但不表示慰问，还气势汹汹地吼道："是不是病得要死了？"李渊的外甥女连忙把这事告诉了李渊。李渊知道自己被杨广惦记了，这种惦记随时会让自己丢掉性命。为了进一步让杨广对自己放心，李渊开始在弘化纵情酒色，大肆收受贿赂，把自己的名声搞臭。

得知此事的杨广，总算是对李渊放心了，认为他不会有什么大志向，也就不再惦记他。

第三节 造反前的准备

李渊暂时安全了，可杨广和大隋朝却不安全。杨玄感造反不但没让杨广吸取教训，反而让他更注重享受了。不仅如此，两次征讨高丽的失败，让杨广觉得有必要再对高丽进行一次打击。于是在纵情享受的同时，杨广又开始了战争准备。

打仗是花费很大的活动，更何况打高丽要水陆并进，这水路还是海路，船是少不了的。于是杨广下令征集民夫开始造船。没想到这一行动，却掀起了天下造反的巨浪。

最开始造反的是山东人王薄。他称自己为"知世郎"，意为能够预知天下局势将发生变化的人,然后又作了一首诗《无向辽东浪死歌》,号召大家不要去辽东送死。于是广大民众群起响应,整个山东一下子就成了造反者的天下。在示范效应下,各地对隋朝不满的人,都拉帮结伙开始了造反事业。

有杨玄感造反在前,杨广最初没把民众造反当作什么大不了的事,觉得不过是小打小闹,成不了什么气候,无非是需要派一些兵马去镇压。于是李渊又派上了用场,他被任命为河东、山西抚慰大使,有权调动两地的军马和任免官员。就这样,李渊走上了战场第一线,开始了真正的作战生涯。

虽说李渊是个官二代,在蜜罐子里泡大的,但打起仗来却不含糊。在汾晋地区,李渊每战必胜,一下子就清除了不少造反者的队伍。这让杨广感到高兴,觉得北方太平了,就动了到北方游玩的心思,想去看看草原、长城。

没想到,这一次北上游玩却玩出了纰漏,在草原里的突厥人得到消息聚集人马,准备趁机打劫杨广。杨广猝不及防,在雁门被突厥人包围。一直被围困了一个多月,杨广才突围出去,狼狈地逃到了太原。杨广不敢再在北方停留,马上南下,先去洛阳,然后到江都。

杨广这么折腾,国内越发不太平,各地造反者风起云涌,已经形成了几个较大的集团,其中最著名的就是李密领导的瓦岗军和窦建德领导的河北起义军。而在山西一带,起义军的声势也在不断扩大,已经到了难以收拾的地步。于是杨广就命令李渊赶去山西平叛。

李渊在山西的平叛工作进行得非常顺利,坐镇山西没多久,山西的众多造反军队都被他打败和收编。他不仅借此壮大了自己的实力,还为自己营建了一个稳固的后方。也就是在这段时间里,李渊的心思起了变化,不再只想着当大隋朝的忠臣,开始有了自己的小九九。太原是古代唐国所在地,而他又是隋朝的唐国公,现在正是乱世,如果能把握好机会,那说不定也能过一把皇帝瘾。

李渊有了心思,他身边的人也在动心思,领头的就是他的二儿子李世民。当时李世民只有十七岁,但有胆有识,还有一身好武艺,是打仗的好手。所以李渊在山西平叛时,把家小留在河东,只把李世民带在身边。

李世民见天下烽烟四起,觉得这是一个不可多得的机会,但想造反,必须经过李渊这一关,他不动,李世民就是跳得再高也没用。于是,李世民就和裴寂、刘文静一起商量,希望能找到一个办法,推动李渊造反,夺取隋朝的天下。

裴寂的鬼点子多,马上利用自己是杨广派来的钦差的身份,跟李渊一通胡侃,让李渊觉得杨广对他不放心,他现在是进退两难,平定了叛乱没好果子吃,要是万一打了败仗,那就是立刻没好果子吃。一席话,说得李渊心里发毛。这还不算,裴寂又使出了美人计,安排两位杨广在晋阳的妃子,趁李渊喝醉了酒,和他睡在一起。这样一来,李渊是不反也得反了。

李渊和老百姓造反不同,老百姓是一群活不下去的人,造反是为了活命,而李渊造反是为了夺天下,当皇帝。因此,就要把一切都打理好。为此,李渊做了周密的准备工作。他先带信,让自己在河东的家人赶紧来太原和自己会合。等到家人平安后,他又清除了留在太原监视自己的中央官员,然后才正式宣告造反。

举起了造反大旗,就没有回头路可走。李渊想,要夺取天下,就不能在太原这里待着,但要离开这里,万一北方的突厥人抄了自己的老窝怎么办?想来想去,李渊决定先放下身段,暂时和突厥联合,一方面稳固自己的后方,一方面还能得到突厥接济的战马。于是李渊派人和突厥谈判,屈辱地接受了突厥的册封。

后方安定后,李渊开始向各地发檄文,宣告自己起兵,让各地官员立刻归顺自己。一个能彻底推翻大隋朝,实现改朝换代的造反者,终于亮出了自己的旗帜。

第四节 大隋王朝睡在身边的敌人

李渊在太原起兵,其他各地的造反者也没闲着,尤其是势力最大的瓦岗军,在首领李密的领导下,已经有取代隋朝的趋势了。

在这个乱世里,李密是一个老牌的造反者。杨玄感造反时,李密就积极参与,成为杨玄感倚重的心腹。只是杨玄感没有战略眼光,对李密出的主意没有采纳,最终失败身死。

而李密运气不错,逃脱了杨广的清算,跑到了瓦岗,投奔了当时瓦岗军的首领翟让。

虽然翟让敢造反,但心不大,只想当一个强盗,不仅抢隋朝官府的钱财,就连老百姓的财产也不放过。李密对他说,这样可不行,本来造反就是政府的对头,再把老百姓也得罪了,那就是多了一个对头,后果必定很惨。翟让对李密的话是听一半,不听一半。但就是听了一半,也足以让瓦岗军的实力慢慢强大起来,和官军交手,有李密策划,也扭转了以往胜少败多的局面。翟让见李密确实有两把刷子,就不断提升他的地位,最后还让李密自立门户,向别处发展。而自己,则守在瓦岗,过逍遥的日子。

世人都以为翟让傻,甘心为自己树立一个能取代自己的二把手。其实,翟让虽然无大志,心眼却很多。他让李密去外地发展,自己守住地盘,用意就是让李密去为自己挡子弹。如果李密能赢,自己就安全;如果李密败了,那自己还有后路。这种不出力就享福的招,能说是傻子想得出来的吗?

可惜,翟让机灵,李密也不傻。他和翟让分兵后,就有了自己的人马,而且他是一个要做大事的人,以前自己不能做主时,就能出谋划策打胜仗,现在自己能做主了,有了主动权,打胜仗就更不在话下了。

就这样,李密领着自己的兵马,在洛阳附近,接连和杨广派来的王世充的军队打了十几仗,不但完败对手,还领兵包围了洛阳。到后来,各地造反者是只知道瓦岗军有李密,不知道有翟让。

这种情形,让翟让很不爽,对李密和他的手下就有了怨言。瓦岗军两位首领之间有了裂痕,对造反事业只有坏处没有好处。李密想自己好不容易有了现在的位置,要是再失去了,那自己就真的什么都没有了。于是,他下狠手杀掉了翟让,统一收编了瓦岗的全部军队。而在瓦岗内的一干英雄如秦琼、徐世勣、程咬金、罗士信等人,都愿意为李密效力。一时间,李密羽翼丰满,成为当时实力最强的军阀。

此时,隋朝境内一片战火,而远在江都的杨广却还在醉生梦死,一点都没有回到首都长安主持大局的想法。他不想回长安,但他手下的士兵却都是西北人,家都在长安,离家久了,自然想着家里人,再加上现在各地造反者这么多,家人是否平安,都是这些士兵最挂念的,于是都有了回家的心思。

士兵想回家,但杨广却有在江都长住的心思,还想着干脆就把江都改为首都,再也不回长安了。士兵们见杨广要在这里安家,心都死了,马上开始逃跑。杨广见状,非常生气,命令手下的将军镇压,抓到逃兵就处死,想以死来威慑士兵。

杨广的想法很天真。此时想回家的人不是一两个,镇压的将领也想回家,想着自己今天杀逃跑的士兵,明天自己要逃跑,也会被人杀,这样的日子根本就不是人过的,干脆大家一条心,想办法把杨广杀了,一起回长安吧。

一群想回家的士兵推举了杨广的心腹将领宇文化及为首领,但宇文化及虽然地位高,胆子却很小,开始的时候不愿

意出头。此时士兵造反心切,哪里还能容许他拒绝,对他说今天的事如果做了,就还有荣华富贵可享受,不做那就先杀了他,然后杀皇帝杨广。宇文化及见左右都是死,只好战战兢兢地当了造反的首领。

有了能号召士兵的首领,大家的胆子也大了,夜晚立刻朝杨广的寝宫进发。守卫寝宫的卫士那天正好都休假出去玩了,使得寝宫成了空城。于是荒淫天子杨广一下子就被造反的士兵抓住了。杨广还想玩点套路,哄骗大家说马上就回家。但造反的士兵都知道这个皇帝的话是不可信的,也没多废话,直接把他摁在床上,解下他的头巾,把他勒死了。

杨广死了,剩下的十万士兵在宇文化及的率领下,踏上了返回长安之旅。结果在路上,阵营就有了矛盾,宇文化及果断杀了有二心的将领,但也折损了自己的士气。等来到河南地界,就遇到了势头正旺的李密率领的瓦岗军。

李密当然不会轻易放走宇文化及,双方在河南大打出手。最后,李密付出了巨大的代价,才消灭宇文化及。虽然李密赢得了最后的胜利,但也元气大伤,为最后的败亡,埋下了伏笔。

第五节 大唐建立

李密在河南和隋朝死磕的时候,已经宣布起兵的李渊也没闲着。经验老到的李渊,拒绝了手下要他马上称帝的建议,先尊称杨广为太上皇,拥护杨广在长安的孙子代王杨侑为皇帝。这样做的目的很明确,那就是向天下表明自己没有非分之想,起兵只是为了当隋朝的忠臣。这样做的好处是尽量为自己少树敌人,继而可以偷偷发展壮大。

等一切都安排好了,李渊就带着大儿子李建成和二儿子李世民出发,朝着都城长安进发。虽然李渊立了杨广的孙子为皇帝,但这种障眼法哄哄一般的老百姓可以,要骗过沿路的隋朝地方官是不可能的。而在长安的代王对李渊要立自己当皇帝,也不感冒。因此,各地地方官对李渊的态度都是一致的,闭门不欢迎,甚至还要发兵攻打。李渊也不客气,对抵抗者一律处死。

就这样,李渊的部队一路上势如破竹,很快就攻到了霍邑城,在这里,遇到了隋朝名将宋老生的顽强抵抗。就在李渊感觉到对付宋老生有些困难想暂时退兵时,李世民阻止了他的行动。

这时的李世民虽然只有十七岁,但已经开始显露出色的军事才能。他指出如果遇到一点困难就想退兵,对军队的士气影响会很大,尤其对于造反者来说,士气一泄,再想重整旗鼓就难了。李渊赞同儿子的意见,决定继续攻击宋老生。

战役的重担落在了李世民肩上。他让李渊与宋老生正面交战,自己带领部队从侧面的高处冲下来,一部分堵住宋老生回城的退路,一部分直接冲击霍邑城。宋老生和李渊打得正热闹,没提防李世民来这一手,军队一下子就乱了,他自己也在乱军中被杀。

李渊和李世民打下霍邑城后,继续朝长安进发。在黄河边,遇到了比宋老生名气更大的老将屈突通。屈突通战场经验丰富,又守住了黄河要塞河东城,摆开架势要和李渊硬拼。李世民建议不要和屈突通硬碰硬,而是带着大队人马,绕开河东城,向长安迂回包围。等到把长安和周边的城池占领了,屈突通的河东城也就没什么价值了。

这个冒险的主意得到了李渊的赞同。于是,李渊父子留下少部分人马缠住屈突通,然后兵分两路,对长安周围地区进行扫荡,约定在长安城下会合。没多久,李渊和李世民非常顺利地来到长安城下,并对长安城实施了包围。

长安城里的代王杨侑手里没有多少兵马,然而李渊并没有直接攻打,而是在城外对杨侑表明心迹,说目前皇帝杨广远在江都,生死不明,各地叛乱分子众多,自己是来保杨侑当皇帝的,并让杨侑打开城门,放自己进城。杨侑虽然是小孩子,却不傻,知道被人提拔当皇帝不是什么值得庆幸的事,急忙和几个大臣商量怎么抵挡。

长安城虽然坚固,但也只守了十几天,就被李渊的兵马攻破了。在两个儿子的陪伴下,李渊喜气洋洋地进入了长安城。而一心想抵抗的杨侑此时已经成了光杆司令。当李渊手下的士兵冲到杨侑身边时,只有杨侑的老师姚思廉护卫着他,喝令李渊的士兵不得无礼。

当李渊听说代王被找到时,想起了自己起兵打的旗号,连忙来宫中拜见代王。面对自己孙子辈的代王，李渊还是很讲君臣之礼的。他恭敬地向代王下跪行礼，口称皇上。杨侑知道自己已经成了傀儡，也只好顺着李渊的意思，坐上了皇帝的位置，把一切军国大事都委托给李渊处理。

虽然李渊占领了长安城，但他没有忘乎所以，而是马上颁布了安民告示，禁止自己的士兵在长安城里杀戮抢劫。本来得胜之师的军纪是很难保证的，但李渊却用铁血手段，刹住了对长安城的洗劫，一下子就得到了长安居民的拥护。

在处理隋朝降官的事情上，李渊遇到了一个让他恨之入骨的人，此人也姓李，名叫李靖。他原来是李渊的部下，但却是隋朝的忠臣。当李渊还在打主意如何起兵反隋时，李靖就看出来了。他的第一反应就是应该马上向杨广报告。为了躲避李渊对他的盘查，李靖把自己打扮成罪犯，让人押着自己到江都去。等到了长安，却发现通往江都的道路都被各地的造反者占领了。这要是冒险去江都，肯定是到不了江都，就被杀了。没办法，李靖只好留在长安等机会。现在，长安被李渊攻占，李靖自然也就没好果子吃了。

见到背叛自己的人，李渊自然没好脸色，直接让人把李靖拉出去砍了。面对死亡，李靖丝毫不害怕，而是理直气壮地反问李渊："你起兵是为了平定暴乱，怎么因为我和你的私怨而杀我呢？"一句话让李渊醒悟了，再加上李世民求情，李渊就顺水推舟饶过了李靖。而李渊的宽宏大量，成就了日后的大唐第一战神。

李渊在长安掌握实权，虽然表面上头顶着一个皇帝，但多数人都知道是怎么回事。杨侑也明白自己的小命捏在李渊手里，就尽量做一个乖孩子，不给李渊惹麻烦。即使这样，末代皇帝还是难以自保，大权在握的李渊没过多少日子，就觉得没必要再让杨侑骑在自己的头上了，哪怕是名义上的上司也不行。于是，他一手安排了禅让的把戏，让杨侑把皇帝的位置让给了自己。

　　公元618年，李渊在长安称帝，国号大唐，年号武德。封李建成为太子，李世民为秦王，李渊就是日后的唐高祖。至此，中国封建社会最鼎盛最芳香四溢的唐朝正式建立。

　　占领长安，是李渊能在群雄割据的状态中占据先机的重要策略，在他之前的瓦岗军李密和河北起义军窦建德，本来都有机会占领长安，抢占先机的，但都懵懂一时，错过了大好机会。而李渊没有让这个机会从自己手里溜走。占领长安，使得李渊在日后的群雄逐鹿之中，抢占了具有决定作用的制高点，开始了一场统一战争。

第二章

大唐王朝的开局

第一节 最大对手的陨落

李渊在长安立国,并没有引起什么大的轰动。因为此时的皇帝杨广正在江都,而各地造反的领头人也都盯着江都和河南,对位于西北的长安并没有过多关注。这其中,以势力最大的瓦岗军领袖李密最为瞩目。

作为造反的老油条,李密对于长安地位的重要性不是不知道,再加上他手下的几个谋士也多次劝他不要在洛阳和隋朝的军队死拼,而是应该赶紧去占领长安。只要占领了长安,掌控了朝堂,之后再收拾乱局,就省事多了。

对于这样的想法,李密当然知道是上策,但不知出于什么原因,他却找种种理由拒绝了。最后,他只能留在洛阳一带,跟前来剿灭他的隋军死磕。虽然赢了,但实力受损,他始终没有力量对面前的敌人发起最后一击。

李密错过了时机,就等于丧失了主动权,到最后他不得不采取接受招安的下策,主动"投降"了在洛阳的留守皇帝杨桐。李密的如意算盘是利用杨桐的名头,一举除掉自己的老对手王世充,然后再演禅让故事,夺取隋朝的天下。

只不过这样的计策虽然很圆满,但他却低估了王世充的能力。王世充趁李密还没有到达洛阳的时候,发动兵变,囚禁了杨桐,然后宣布李密是叛逆者,整顿兵马,要和李密开战。

要跟自己的手下败将打，李密自然不怕。但此时瓦岗军经过数次大战后，已经很疲惫了。所以，李密手下的谋士裴仁基说："王世充带领全部人马来和我们交战，洛阳城一定很空虚。我们应该兵分两路，一路正面对敌，一面迂回去打洛阳。这样，王世充就会顾此失彼，要不了多久就会被我们打垮。"而李密的秘书，日后大唐的名臣魏征又提了一个更好的计划，那就是针对王世充粮食不足的命门，就在这里和他死耗下去，时间一长，王世充的军队必定溃散。

不想，如此好的计策，却被李密拒绝了。原因很简单，他手下的武将们一万个瞧不起王世充，都请求和王世充决战，希望一举扫清这个障碍。架不住武将们的起哄，李密就答应要速战速决。裴仁基见李密如此固执，气得撂下一句"你一定会后悔的"就走出大帐。

既然决定要打，李密就不打算跟王世充多废话，马上带着单雄信和程咬金等猛将在邙山扎下大营，而王世充也知道这一仗会决定自己的生死，也派出全部的精兵猛将，要决一死战。

战斗一打响，王世充就派自己最精锐的骑兵去攻打单雄信的地盘，李密连忙派程咬金带兵去支援。没想到，这一场小规模的交锋，李密不但没占到便宜，还使得程咬金等猛将受了重伤。如此结果，还没让李密清醒过来，对瓦岗军的实力重新认识一番，及时改变策略。他以为王世充只是走了狗屎运，准备再找个机会对他猛下杀手。

但是，王世充也不是省油的灯。他利用李密轻视自己的心理，连夜派了两百名精兵埋伏在邙山山谷里，然后在天还没亮时，催动大队人马，对李密的营地进行偷袭。此时，李密正和将士们一起睡大觉，而且营地周围也没有设置路障，使得王世充的军队畅通无阻地杀进了大营。

李密连忙应战，虽然被偷袭，但还是把王世充的军队赶了出去。正当李密领着人要痛打王世充时，预先埋伏在邙山的王世充的骑兵趁乱冲进了李密的大营，在里面放起火来，一下子就扰乱了瓦岗军的军心。正当李密手下的兵手足无措时，王世充事先找了一个各方面都和李密很像的人，在这时趁乱将他突然推出来，冲着李密的军队大喊："李密已经被抓了。"而王世充的军队立刻大喊万岁。

瓦岗军一时间还以为李密真的被王世充抓住了，立刻军心大乱，再看自己的营盘起火了，那一定是老营也丢了。于是，全都无心恋战，开始四处逃窜。王世充当然不会放过这个千载难逢的机会，马上指挥士兵砍杀。李密大败，士兵死伤无数，最后只带着一万多人仓皇逃跑。

虽然这一仗李密输得很惨，但实力犹存，只要缓过气来，李密还是能有一番作为的。但这时，李密杀翟让的后果开始出现了。瓦岗军原来在翟让手下的人，都怨恨李密，现在见李密败了，全都离心离德，想着抛弃他，另外投靠他人，首选就是王世充。到后来，李密手下最能打的裴仁基、程咬金、秦琼等人，全都成了王世充的部下。

李密怎么也想不到自己成了手下败将的手下败将，有心去投奔远在黎阳的徐世勣吧，又想到对方和翟让的关系，觉得不能冒险。想来想去，只好去投奔在长安刚刚称帝的李渊。

李渊听说李密来降，非常高兴。想当初自己刚起兵时，还把李密当大哥，现在才多少日子，局势就倒过来了，自己成了最大对手的主人。而且自己能顺利占领长安，到现在都没有麻烦，还多亏了李密在河南挡住了隋朝的兵马。因此，他高调宣布接受李密归降。为了拉拢李密，李渊不仅给李密封官，还把自己舅舅的女儿嫁给他。

按说有这样的待遇，李密应该满足了。但李密毕竟是枭雄，始终觉得自己应该还有能力东山再起。而李渊也知道李密是个人物，所以对他表面亲热，暗地里却时时防范。处在这种局面下的李密，当然待不下去了，也就有了反心。

公元619年初，李密忽悠李渊说自己要去山东招揽旧部对付王世充，结果一离开长安，就造反了。李渊对此早有准备，派遣大将盛彦师在河南设下埋伏，一下就把李密包围了。结果，李密和心腹王伯当被杀，终年三十七岁。

收拾了最大的对手李密，李渊开始琢磨怎么收拾其他人了。

第二节 李世民扫灭群雄

隋炀帝杨广在江都被叛乱士兵杀死,隋朝灭亡,但不等于所有造反者都归于平静。谁是老大,靠的是实力,而不是嗓门大,喊一声"我是天命所授的皇帝"就能得到认可的。这个时候,谁说自己是天子,都会被其他造反者看成是疯子,还会被打。李渊在长安建立大唐,已经被其他人看作是运气好得没边了,而李渊的感觉也好极了,坐上了皇帝的位置,自然不想下来,对于那些不想归顺的人,只有武力剿灭这一条路。这个任务,就落在了李渊二儿子李世民的身上。

李渊想打别人,其他的反王也不是豆腐,大凡敢造反的人,都有点狠气。长安是一块肥肉,虽然此时落在了李渊嘴里,但不等于大家没别的想法。甘肃的造反头领薛举,就领着人马在长安附近转悠,想找机会在长安当地主。

薛举是一个猛人,但也就是猛而已,他聚集的人马有三十万,看起来气势汹汹,却不怎么耐打。一到李渊的家门口,还没来得及耀武扬威,就被李世民一个出击,打得稀里哗啦,就此一蹶不振。

收拾完了家门口的敌人,李渊就能腾出手来规划一下大唐的未来了。他首先在内政上实行了租庸调制,准备充足一下大唐的国库。毕竟接下来的统一战争,没有钱和物资储备,是打不赢的。就在李渊大搞国内经济建设的时候,好消息和坏消息接踵而来，使得李渊不得不提前搞武力统一了。

好消息是打败了李密的王世充，虽然成了暴发户，收罗了李密手下一大批猛将，但他却没有李密笼络人的度量，导致秦琼、程咬金和罗士信等一帮人抛弃他投奔了唐，等于让李渊一下子就拥有了一批能冲锋陷阵的大将。这还不算，王世充干脆杀了在洛阳的杨桐，自己当了皇帝，国号为郑，然后又杀了一批不服自己的大臣，算是让自己的弱点彻底暴露无遗。而坏消息就是自己的老窝太原被另一路造反者刘武周给攻占了。

被好坏消息夹击的李渊赶紧派李世民率队出击，没打几仗，就把刘武周给灭了，还得了一员猛将尉迟恭。后院安定了，但李世民没打算歇一歇，带着人马往河南而来，目标便是王世充。

王世充是个混人，就是当了皇帝，也一样混。李世民在山西打刘武周时，他在洛阳搞建设，却没有丝毫起色，反而搞得人心散乱，最后只好靠武力来维持。现在李世民打上门来了，王世充并没害怕，以为自己连李密都收拾了，李世民这么个毛头小子，又能怎么样？于是就仗着在自己地盘上，以主场人多的优势，和李世民对打。

刚开始的时候，王世充运气不错，先锋部队还差点把亲自上阵侦查的李世民给抓了。但他的好运气也就仅此而已了，接下来是李世民的表演时间。在李世民的调遣下，秦琼、程咬金、尉迟恭和罗士信等猛将，打得王世充哭爹叫娘，最后只能龟缩在洛阳城里，凭着坚固的城墙苦熬。

王世充虽然被李世民打得不能出城，但他家底厚，会敛财，想着自己打不过李世民，天下那么多反王，总有打得赢的吧？于是，就广撒英雄帖，召集各路造反者来洛阳，抱团和李世民打。在金钱的驱使下，河北的窦建德等反王马上带着人马赶到洛阳城下，准备帮着王世充打李世民。

面对蜂拥而至的各路王世充的帮手，李世民不但不怕，反而还很高兴，本来要千里迢迢去找他们，现在省去了力气，他们自己送上门，就一起收拾了吧。于是，他拒绝了李渊让他赶紧从洛阳撤兵的命令，留下一部分人马继续围困洛阳，自己亲率一部分人马，去迎战实力最大的窦建德。

窦建德在反隋的斗争中，基本上没出什么大力，但他这个人草莽义气浓厚，所以很得手下人拥护。但窦建德没有大局观，什么人不好联合，却非要跟草包王世充捆在一起。他在前面和李世民对峙，想着让王世充从背后夹击，但王世充却帮不上一点忙，一露头，就被李世民的部下给打回去了。

王世充指望不上，窦建德就想着凭自己人马多，来个速战速决，直接把李世民收拾了。于是，就在黄河边列阵，要和李世民决战。李世民到高处一看，马上就看出了窦建德兵马的弱点，那就是嚣张不守纪律。李世民心里有数了，他命令部下不得出战，就在营地里守着，等窦建德兵马疲惫了再说。

就这样，窦建德的兵马在大太阳底下站了半天，一直到要吃中饭时，唐军还不出来。窦建德的士兵都有些不耐烦，队形开始散乱,一些士兵去找水,大多数人回头看大营这边什么时候发布吃饭的命令,整个队伍变得乱糟糟的。

李世民等的就是这个机会,立刻命令自己的兵马出击。窦建德的士兵没想到唐军会在自己要吃饭的时候发动攻击,立刻乱作一团。而猛将秦琼则带着人冲进了窦建德的营盘。此时,窦建德正在和手下将领开会,商讨下一步的作战计划。不想,秦琼冲进来,直接告诉他下一步就是逃跑了。

在唐军的打击下,窦建德的兵马溃不成军,而他自己也被唐军俘虏。打垮了窦建德,困守洛阳的王世充知道自己撑不下去了,只好向李世民投降。

李世民志得意满,把窦建德和王世充押送长安,向李渊报捷。李渊没想到李世民只用一年的时间就平定了中原,非常高兴,立刻封李世民为天策上将军。这个爵位是李渊为李世民专门定做的,权势仅次于太子,位在百官之上。去掉了两个最大的心腹之患,又拥有了中原之地,大唐的日子好过多了。

第三节　战神显威

李世民在中原战场扫荡完王世充和窦建德后,大唐虽然没有大的麻烦了,但还不算太平。因为南方出事了,需要一个人出面去解决。这次当然不能再派李世民出征,一来他刚打完中原大战,需要休息,二来南方太远,李渊不想把儿子派到那么远的地方,有什么闪失就不合算了。那么派谁去呢?李渊想到了一个人——李靖。

李靖的家世在隋朝属于勋贵之家,他的舅舅是隋朝开国名将韩擒虎。李靖小时候到舅舅家里去玩,不谈别的,专门和韩擒虎谈怎么用兵。韩擒虎还特地对人说,别看我们家人口多,但能和我谈论兵法的,只有我这个外甥。李靖长大后,在政府部门做事,又引起了隋朝另一位名帅杨素的注意。当时杨素正是红得发紫的人物,掌握着大隋的兵马大权。他和李靖聊过几次后,也很欣赏李靖在军事上的见解,就拍着自己的坐具说:"以后我这个位置肯定是你来坐了。"要知道杨素是一个眼睛长在脑门上的人,大隋朝上下,没几个能被他看上的,现在,他也这么说李靖,那李靖就肯定是个人物了。

虽然被隋朝的勋贵看重,但李靖的官运却一直不畅,四十多岁还在地方上混,并且还不是一把手。大概要不是看他是名将韩擒虎的外甥,多半连地方小官都当不了。但就算当地方上的小官,李靖也不顺心。李渊起兵时,李靖不想从龙,而是想方设法去向落魄皇帝杨广告密。结果到了长安时,就被追上来的李渊截住了。幸亏他终于认识到隋朝靠不住,主动向李渊低头,这才保住了命。

在大唐初立的几年里,李靖没什么亮眼的履历,但好歹跟着李世民去洛阳对付草包王世充,以军功授任开府。不能说李靖没本事,只能表明李靖不是一个参谋人才,而是要独当一面,有权力处置一切,是一个帅才人物。于是当萧铣在四川聚集人马要攻打大唐时,李渊决定让李靖挂帅,去平定四川。

四川地势凶险,无论是进去还是出来,都不顺畅。李靖带着兵马,走到硖州就被萧铣的人马挡住了。一连好几个月,李靖都无法攻破硖州。就在李靖进退无据的时候,大唐另一路人马在夔州打了败仗,李靖决定先去救援。

夔州也是一个地势凶险、易守难攻的要塞。李靖到了地方,先设下埋伏,然后再把敌人引出来,一仗就解决了问题。这下李渊算是知道李靖对自己忠心耿耿了,命令他统帅在四川的全部人马扫平萧铣。

萧铣虽然在实力上不能和大唐相比,但在自己的主场,又有险要的地势做屏障,就想和李靖长久地耗下去,等到唐军的粮食吃完了,就会退兵,那时自己再从后面追杀,肯定大获全胜。他想得很周全,但碰到了李靖这样一个军神,计划再周全,也实现不了。

本来,李靖出兵的季节是九月,正是秋雨连绵、江水暴涨的时候,再加上四川地势险要,境内河流又多,一个不注意,来一场洪水,城池之外的唐军,就都喂了鱼虾。所以,萧铣认为这是天在助自己成功。而唐军这边,也担心在雨季打仗,连个扎营的地方都找不到,所以,都劝李靖先撤兵,等雨季过了再打。

但李靖不为所动,他说,萧铣也是这样想的,所以萧铣连兵马都没集中起来,就等着他们撤军。李靖认为应该抓住这个机会,采取闪电战,直扑萧铣的老窝,等到萧铣醒悟过来时,就已经来不及了。

于是,唐军在李靖的率领下,出其不意地发动进攻,一下子就攻占了宜都和荆门两座重镇,打开了进入四川的门户。萧铣没想到李靖如此不按常规出牌,赶紧召集人马来抵挡。但四川路不好走,等把人马真召集起来,只怕李靖都来和他会面了。所以,萧铣决定先派大将文士弘带着一部分人马去抵挡李靖,好歹拖一个月,让自己有时间集结各地兵马,然后再与李靖决战。

文士弘打仗不含糊,一上来就把唐军的先锋打败了。文士弘的军队很高兴,想着一群败兵,还有什么可在乎的?于是开始毫无顾忌地疯抢战利品。正当唐军上下想着赶紧找地方死守时,李靖又出奇招,他下令唐军不许防守,只管扑上去,刀对刀和敌人硬拼。

文士弘的军队正兴高采烈,没想到李靖带人杀过来了,一下子就溃败了,不仅人马死了一万多,还丢掉了四百多艘船。这时,李靖又做了一个出人意料的决定,他下令把那四百艘战船全部抛在江面上,顺流而下。手下将领不理解,认为现在正是江水暴涨的时候,有船不正好吗?李靖说:"我们打萧铣,最重要的是时间。现在,我们把他们的船抛在江面上顺流而下,那些要赶来的援兵看见了,就以为萧铣已经失败了,也就不会急着赶来了。这就为我们争取了时间。"后来,果如李靖所料,援军在路上看到了这些战船,都以为于事

无补，也就没急着赶来救援。

李靖这边毫不耽搁，直扑萧铣的老巢江陵。萧铣这边军马还没召集起来，怎么敢跟李靖打？只好宣布投降，最后被押到长安。萧铣也是皇族出身，虽然败了，但皇帝的架子还在，没有向李渊求饶。李渊也不客气，直接把他砍了。就这样，当了五年土皇帝的萧铣，在李靖面前只挺了两个月，就完蛋了。

第四节　轮番上阵的皇子

中原和南方都被唐军平定，四海之内，基本上没有什么大的战事了，一些小股武装，只需要地方部队就可以平定。这让李渊有些忘乎所以。他想，是不是应该树立一下皇帝的威风了。就发了个通告，让那些被消灭的反王的部下，都到长安来报到，顺便让自己甄别一下，顺眼的留下，不顺眼的砍了。这样做可以避免这些人以后再造反，还要派兵去剿灭。

这样想过以后，李渊就给势力最大的窦建德的部下所在地发了诏书，让窦建德的部下都来长安。但是窦建德的部下不傻，他们看到自己的老领导即使投降了，也没能活命，李渊这一手，肯定是要赶尽杀绝的。于是就聚集在一起说，既然李渊不让我们活，那我们只有重新起兵跟他干了。众人商议之后，推举窦建德手下大将刘黑闼为首领，竖起了反旗。

窦建德在河东一带很有名声，对部下也很好，当初李渊杀了窦建德，他的手下就不服气，现在李渊又想要他们的命，正在他们彷徨担忧的时候，刘黑闼一招呼，窦建德的部下群起响应，很快就在山东等地攻占了不少地方。

李渊开始还没有把刘黑闼造反当一回事，心不在焉地派了两位宗室郡王李神通和李孝常带兵平叛。没想到刘黑闼太过凶猛，三下五除二，就把两位郡王打得落花流水，还捎带着把镇守宗城的名将徐世勣打得全军覆灭，只让他一个人跑掉了。

这下，刘黑闼神气了，立刻在洺州称汉东王，改元天造，和大唐对着干。同时，刘黑闼造反，又起了示范效应，以前平定的地方，也都有人造反。

李渊这才明白刘黑闼不是好对付的，再派别人出兵，只怕是不行了，于是又想到了二儿子——天策上将军李世民，马上命令儿子带兵，赶紧出征。

李世民一出马，刘黑闼就有点心虚，毕竟，当初窦建德兵马那么壮，都被李世民收拾了，自己现在无论从哪方面都不能和老领导相比，能打得过李世民吗？于是他主动率军撤退，想来个退避三舍，以守为主。

叛军撤退，李世民当然要追击了。等到刘黑闼退到河北的肥乡，再无可退时，双方隔着洺水对峙。李世民见刘黑闼有死守的决心，当然不会让他得逞，于是开始分兵，打算先扫清外围，最后来个四面包围，就能彻底解决刘黑闼。

对于这样的战略企图，刘黑闼当然不能让李世民得逞。

他立刻让自己的部下和李世民僵持，自己带着兵马去对付周围的唐军。刘黑闼刚一离开，李世民就对他的部下发起了进攻。刘黑闼的部下连忙带信给他，让他赶紧回来抵挡李世民。刘黑闼接到部下的求援，立刻赶了回来，又和李世民形成了拉锯战的局面。

双方在肥乡的洺水交战了许久，刘黑闼虽然每次都吃亏，但没有溃败，其间还杀死了大唐名将罗士信。但他的便宜也到此为止了。接下来，李世民在和他对峙期间，不断派兵袭击他的粮道，让他的补给完全断绝，终于等到了决战的日子。

因为缺粮，刘黑闼不能再死守，只能带兵主动出击。而这一切都已被李世民预料到。等到刘黑闼一出动，李世民就出动精锐骑兵，对刘黑闼的部队进行打击。经过几个时辰的厮杀，刘黑闼的部队伤亡惨重。刘黑闼知道这下是彻底完了，慌忙丢下部队，只带着两百多人逃跑，投奔突厥去了。

洺水大战以李世民的胜利而告终，刘黑闼的叛乱也算是彻底平定。李世民班师回朝，却没想到刘黑闼是打不死的小强，在休息了一阵后，他又和突厥兵一起出兵山西，对大唐发起了又一次进攻。

刘黑闼开始的几板斧是非常厉害的，上次起兵，就打败了唐的郡王。这一次更猛，直接把在代州驻守的郡王给杀了。然后带着人马由北向南直冲下来，又把河北、山东等地占领。

这一次,李世民没有抢着出征,而是由他的弟弟李元吉出马。但李元吉不是打仗的材料,几仗打下来,损兵折将不说,还吓破了胆,不敢再和刘黑闼面对面交手,只能躲在后方,向李渊求援。

李渊没想到三儿子这么没用,打一个残兵败将却被对方打得不敢露头,正想再派李世民去收拾残局时,太子李建成出马请缨,说对付刘黑闼,自己有办法。

本来,身为太子,这等上阵厮杀的事,是不劳他出马的。但是太子的手下魏征等人觉得大唐开国,如果所有的功劳都被李世民占据了,那等到太子即位后,就没办法安抚李世民。所以,要趁这个机会,让太子赶紧立下军功,这样,以后就没什么人敢对太子说三道四。

李建成的请求,得到了李渊的批准,李渊赋予太子极大的权力,让他赶紧把这事了结,并嘱咐他,河东一带民众心思很坏,这一次平定刘黑闼,要把十五岁以上的男子全部杀死,彻底平息后患。

带着李渊的尚方宝剑,李建成来到了相州。刘黑闼一听来的不是克星李世民,自然不害怕,就摆阵和唐军对峙。没想到,这一次李建成就没想和他对打,他采用了魏征的计策,不对参与刘黑闼叛乱的士兵进行屠杀,而是释放他们,让他们回家种地,过安生日子。

刘黑闼的士兵都是农民,本来造反也是被李渊逼的。现在,听说只要自己不造反,就能平安过日子,自然高兴。不仅战俘回家种地，就连刘黑闼的士兵也都偷偷跑了，战场的局势，一下子得到扭转。

正想着要给李建成一点厉害瞧瞧的刘黑闼没想到对方会出这么个主意，看着自己的兵一天比一天少，刘黑闼知道这仗打不下去了，于是赶紧逃跑。但这一次，运气不在他这边，他手下的人也和他离心离德，干脆把他抓了，献给了李建成。

刘黑闼叛乱平定后，大唐才真正进入了和平时期，但比战争更凶险的大戏，却开始上演了。

第五节 玄武门之变

进入和平时期的大唐也没法安稳，因为李渊在苦恼该把自己的皇位传给谁。领导人的问题，一直都是王朝的首要问题，这个问题解决不好，自然就会手足相残。很不幸，李渊就面临着这么一个难以抉择的问题。

大唐建国，李渊的三个儿子中，李世民功劳最大，太子李建成军功不足，这就让李世民很不服气，觉得自己辛苦这么多年，拼着性命为大唐开疆拓土，却成全了自己的哥哥当太平皇帝，想想气就不顺。只是嫡长子继承制是礼法规定，不是什么人想改就能改的。

李世民气不顺，太子李建成同样觉得不安稳。中国的嫡长子继承制虽说已经有千年历史，但嫡长子平安即位的一只手就能数得过来。更可怕的是作为皇帝家的嫡长子,就是想不当皇帝换得平安都不可能。现在,弟弟李世民英武过人,对帝位又有想法,那自己只有两条路可以选择,要么除掉他当皇帝,要么他为了当皇帝除掉自己,再没有第三条路可走了。

兄弟俩为了皇帝位,开始明争暗斗。老三李元吉,站在了太子这边,共同对付李世民。虽说是二打一,但李元吉能耐差,只能坏事,不能成事。

李建成对自己的实力认识得很清楚,直接和李世民对打,他肯定打不过李世民,但他有太子的名号,是未来的储君,这就给了他法定的权威,可以处处压李世民一头。李世民功劳再大,名望再高,在礼法约束下,也只能向太子低头。就这样,兄弟间为了皇帝的宝座,从暗斗开始,到后来逐渐公开化,朝廷上下,只要是人,都明白这兄弟俩是不能共存的。

为了彻底清除对自己的威胁,李建成和李元吉不断在李渊面前说李世民的坏话,而当上了太平天子、一心想享福的李渊,对李世民也不那么看重和喜欢了,也开始指责他。李世民知道自己在李渊面前失宠,意识到自己面临的局势危险,必须采取行动自保了。

朝中大臣眼见这个情况,纷纷提醒李渊必须尽快解决两个儿子之间的矛盾。李渊觉得有道理,就计划把李世民安排到洛阳去,在那里分邦建国,处理东方事务。李世民也愿意,当不成皇帝,就自成一国也可以。但李建成和李元吉觉得不

妥,认为洛阳是李世民的老巢,到了那里,就无法对李世民下手了。日后,李世民想回来夺位,那是谁也挡不住的。于是两人极力阻拦,李渊只得收回成命。

想走不能走,留下来又是太子的眼中钉,这就使得李世民的一些部下开始催促李世民应该早做主张,图谋皇帝之位。对于继承帝位,李世民不是没有想法,但李渊没有更换太子的打算,李世民想要继承帝位,就只有刀枪相见,除掉太子。

这个想法并不稀罕,李建成也不是没有想到这一点。因此,他和李元吉商量,决定先除掉李世民周围的人,让他变成一个光杆司令,然后对付他就容易多了。

想到就要做到。李建成和李元吉先去收买李世民手下第一猛人尉迟恭,结果被他拒绝。收买不成,李元吉又派刺客去暗杀尉迟恭。没想到刺客一进门,就被尉迟恭毫不防范的做派吓跑了。

见到明的暗的都不行,李建成只好走上层路线,让李渊下令,先把李世民的主要谋士房玄龄和杜如晦调到中央政府去做事,然后又借口要平叛,让李元吉挂帅出征,征调李世民的部下。两人的如意算盘就是出征在外,由李元吉找借口,把这些勇将除掉。

李世民见太子步步紧逼,自己再不动手,就真的只有束手待毙的下场了。他的部下也催促他赶快动手反击,不然就只有死路一条。其中,态度最积极的就是李世民的大舅子长孙无忌和猛将尉迟恭。

事已至此,李世民终于下定决心,进行反击。他先派人把已经调走的房玄龄和杜如晦请来商议,然后又集合自己府内的精兵猛将,决定在玄武门设下埋伏,一举除掉太子。

公元626年农历六月初三,太白金星在白天出现在天空,负责观测天象的官员向李渊汇报说太白金星出现在秦地,秦王应该有天下。李渊皇帝当得好好的,哪怕是自己的儿子,他也不愿意让位,就让李世民进宫说个明白。李世民趁机向李渊申诉,自己没想当皇帝,而太子却淫乱后宫,这才是大逆不道的行为。李渊就命令两人都进宫,当面说清楚。

李世民抢先一步,带领自己的人马在玄武门埋伏,李建成和李元吉落后了一步,等走进玄武门,两人才感觉有些不对,马上转身要跑回去。这时,李世民出现了,他马上射出一箭,李建成当即中箭,摔倒在地上死去。剩下的李元吉也没跑多远,就被尉迟恭杀死。

太子的部下得知有变,立刻聚齐人马来攻打玄武门,打了一会,打不下来,就决定转身去攻打守备空虚的秦王府。危急时刻,尉迟恭连忙拿出李建成和李元吉的人头,奉劝太子部下投降。太子部下见太子死了,知道大势已去,就四散逃走了。

解决太子后,李世民立刻让尉迟恭带着人去见李渊,说太子等人谋反,已经被秦王平定了。李渊想不到自己的三个儿子竟然如此水火不容,但事已至此,也说不出什么,只好承认事实,让李世民做了皇太子。

农历八月初八,李渊再次下诏,宣布让位给李世民,自己当太上皇。第二天,李世民正式继位,成为大唐的第二位皇帝,也就是唐太宗,并在第二年改元为贞观,开启了大唐最为火热的一段岁月。

第三章

贞观之治

第一节　政变后遗症

李世民通过政变上台后,为巩固胜利果实,开始对李建成和李元吉的势力进行全面清算。胜者为王,这是世界通行的公理,而对失败者如何处置,就要看胜利者的心情了。在皇权制度下,为彻底清除对自己的威胁,李世民对李建成和李元吉的家属,进行了斩草除根般的杀戮。两人的儿子,不管大小,一律处死,并且把两人从皇室花名册上除名。

这种做法,使得李世民的行为与秦朝的秦二世有得一比。当初秦二世非法即位,为了保住胜利果实,把自己的兄弟姐妹全都杀死。虽然李世民杀兄杀弟的行为是在当时的形势下不得已而为之,但诛杀两人的后代,则显得过于残忍了。

李建成和李元吉全家被杀后,对于两人的部下如何处置,秦王府上下出现了纠纷。有人主张全都杀死,既然两人的儿子都被杀了,部下也没有放过的道理。但猛将尉迟恭却主张就此罢手,他对李世民说:"如果就此杀下去,只会让更多的人不安,接下来,造反的事就会层出不穷。"李世民认为尉迟恭说的有道理,就下令对二人的部下全部宽恕。

这一道命令,不仅避免了一次大屠杀,还使得日后贞观年间的无数杰出大臣得以活命,造就了大唐芳香四溢的美好年华。如日后的名将薛万彻是攻打玄武门最卖力的人,因为

惧怕被杀,躲进了终南山,是李世民多次派人对他说,自己对他过去的行为不予追究,他才下山。

在这批免遭屠杀的人里,最著名的人物就是魏征了。当魏征被带到李世民面前时,李世民毫不客气地斥责他说:"你为什么要离间我们兄弟?"魏征也不示弱,回敬道:"要是太子早听我言,又怎么会落到现在这个下场。"面对不怕死的魏征,李世民十分欣赏,不但没有杀他,相反还任命他为谏议大夫,这才有了日后魏征的辉煌。

虽然李世民为了清除对自己的威胁而对兄弟两人全家大开杀戒,但在痛快一时后,还是背上了巨大的心理包袱。在他即位后,马上给自己的哥哥和弟弟定了谥号。当然,为了显示自己的正确性,他给二人规定的谥号都不是什么好名号,只是想进一步向世人表明自己行为的正当性。

但皇权有时并不能带给人全部的快感,玄武门之变成为李世民日后一个巨大的心理包袱,而且随着时间的流逝,那种罪恶感更是让他难以喘息。他最在意的,就是日后历史会如何评说这件事。为了能让自己的行为更加光辉灿烂,李世民做了一件帝王最不该做的事——看帝王《起居注》。

帝王《起居注》是记录帝王日常言行的账本,而玄武门事变作为重大历史事件,《起居注》自然会记载。但记载这些的不是皇帝本人,而且按照规定和惯例,这两本书,当世帝王是不能看的,否则,皇帝要是不高兴,让大臣以后怎么记载?千百年来,所有的皇帝都自觉地遵循这个规定,不看自己的《起居注》。但现在李世民有了心病,非常想看看这两本记载。

当时负责记载《起居注》的房玄龄和褚遂良,是李世民的心腹大臣。李世民认为自己和两人商量,应该很容易达到自己的目的。于是,他拐弯抹角地先对褚遂良说:"你记载我的起居生活,我能看吗?"

褚遂良说:"今天记载的帝王日常生活,就是日后的历史记载,无论帝王言行好坏,都要记录,这样就可以提醒帝王不要做非法的事。我从来没听说有帝王要看自己的历史的。"

李世民又问:"那我有什么做得不对的地方,你也会记下来吗?"

褚遂良说:"这是我的职责所在,当然要记下了。您有什么作为,我一定全部如实记录下来。"

李世民没想到褚遂良不开窍,自己如此表白想看《起居注》,他却不给,还隐晦地让自己死心,并表明自己这个皇帝的所作所为,他全都会记下来。这下李世民更揪心了,他知道玄武门事变的弑兄杀弟行为太过残忍,如果被褚遂良以自己不喜欢的方式记载下来,那千秋万载之后,自己的名声就彻底臭了。

既然在褚遂良这里达不到目的,李世民就去找房玄龄,还是拐弯抹角地问:"为什么会有不让当今皇帝看《起居注》这样不合理的规定?"

房玄龄说:"如果如实记下帝王的善恶行为,当今皇帝看了,一定不高兴,那还让史官怎么工作?"

李世民说："你说的有道理，但我和以前的帝王不一样，我非常担心我会做错什么事，让我看《起居注》，我就可以提醒自己。"

话说到这个地步，房玄龄也不好再顶下去了，他找来记载和编撰《起居注》的官员许敬宗，对已经编撰好的李渊时代的《起居注》进行了修改，然后交给李世民过目。

李世民一看，就看出问题了，那就是对玄武门之变记载得非常模糊和隐晦，让本来不想让人知道的事情变得更惹人注目和值得深究了。李世民说："这样不行，你们应该如实记录。"话说得轻巧，如实记录？你皇帝都看了，还怎么如实记录？李世民也干脆，直接定调："我就像周公处置造反的管叔和蔡叔，为了国家，是迫不得已的。"

皇帝最大，自然是皇帝说了算。于是玄武门事变就由李世民定调记载下来了。虽然李世民依靠皇权，对这一事件进行了修订，但历史依然是无情的。后世历史学家对玄武门事变的看法，并没有被李世民定下的基调所左右。同时期的其他史料使得我们仍可以艰难地窥得真相。

李世民篡改国史，是玄武门事变给他留下的阴影，但也表明他是一个惧怕历史骂名的人。也正是在这种心理驱使下，李世民朝着明君之路，大踏步地走下去。

第二节 一心务农的皇帝

中国是个传统的农业社会,王朝的命门也是农业,农业如果出现大问题,那王朝的末日也就到了。正是因为认识到这一点,所以李世民非常重视农业。

经过隋末的大动乱,社会财富不仅损失巨大,人口也急剧减少,从隋朝最强盛时的四千多万人口下降到一千多万,这其中的落差使得唐朝国力不足,需要漫长的时间进行恢复。

要恢复农业,就必须有足够的劳动力。李世民是在战场上走南闯北的人,战争对平民的杀伤力度,他是亲眼所见。因此,他知道目前最需要的就是增加大唐的人口。但人口增加不是一个能速见成效的事情,没个十几年的时间,是没法在生产等方面派上用场的。

怎么办?就在李世民想办法的时候,突厥的颉利可汗与大唐请和,并献上三千匹马和一万只羊。李世民拒绝了,他对颉利可汗说:"东西我不要了,你要真想送我东西,就把你们劫掠的我们中原的人口送回来吧。"

李世民认识到人口是第一生产力,所以不仅向突厥索回人口,还制定政策,鼓励生育。他颁布诏书,规定男女到一定年纪,必须结婚,没钱结婚的找政府。不仅如此,他还颁布了租庸调制,作为农村的根本赋税制度。李世民制定的租庸调

制,其核心就是尽量让农民有足够的时间去搞农业生产。

租庸调制从隋朝时开始实行,只是隋朝的历史太短,中间又被战争打断,所以隋朝开始的租庸调制在历史上的影响不大。租庸调制说穿了就是农业税制度,这对于中国这样一个传统农业国来说,就是一项基本的国策。

从实际内容看,李世民颁布的租庸调制和以前实施的农业税有很大的不同。租就是地租,政府给农民一定数量的土地,农民要上缴一部分收成给政府。调和租的意思差不多,也是农民要上缴给政府的税,但不再是粮食,而是生活用品,如绢、麻和丝绸等。总之,政府一切要用的东西,都是农民来负担。庸就是指徭役,也就是说农民要给政府干活,而且基本是无偿的。

一般来说,在租税上,农民多少还可以勉强承受,但对于徭役,农民就有些承担不起了。一年十二个月,农忙时,农民要种田,等到农闲了,又要去服徭役,一年到头没有休息。更难以忍受的就是在农忙时,政府也要农民去服徭役,还不给工钱。这样,农民耽误了农活,家里就没有收入,生活自然就陷入了贫困。李世民的政策规定每个成年男子每年为政府服徭役的时间为二十天,碰上闰年,就加两天,这和以往的朝代区别不大。但李世民的政策又规定可以纳绢代替服徭役,而且数量也不是很多,每天的替代数量是三尺绢。这样就保证了农民有足够的时间进行农事活动和休息。

在分给农民土地这件事上,李世民的政策更有人性。在分给农民的一百亩地中,其中二十亩,农民是可以永久继承和买卖的,另外八十亩只有使用权,农民死后要还给政府。同时还规定,妇女虽然不参加分田,但也不必交税。这等于又减轻了农民的负担。

为了鼓励耕种,李世民还亲自做表率,在长安近郊,选了一块土地,自己下田,赶着牛,有模有样地进行耕田表演。虽然作秀的成分多,但也说明了李世民对农业生产非常重视。

李世民重视农业生产,还体现在行动上。一旦农活开始了,他就不允许任何事情去打断农业生产,哪怕是皇家典礼和必要的仪式。李世民的大儿子李承乾成年,按照皇家制度,要公开举行冠礼制度。行了冠礼制度后,李承乾就等于坐上了太子的宝座,成为法定皇位继承人。这对于皇家来说,是一件必须重视的大事。以往的朝代,皇帝长子行冠礼,都是非常隆重的。

为了做好这件事,一些官员向李世民建议,在农历二月份选一个好日子,大大铺张一番。李世民拒绝了,他说:"现在正是春耕大忙的季节,怎么能因为我的儿子要行冠礼,就打断农事呢?推迟到十月份举行。"

在当时生产力低下的年代,农业生产基本上是靠天时,一旦有了灾害,收成就很受影响。当然,除了天旱和涝灾,蝗虫也是农民最害怕的自然灾害。李世民在位期间,也发生过蝗灾。有一次,李世民在园林里散步,看见地上有蝗虫,就捡了几个,训斥蝗虫说:"老百姓以谷为食,现在被你吃了,我宁愿你吃我的肚肠。"说完，不顾周围大臣的阻挠，硬是把蝗虫吞进了肚子里。

而在农业荒年，长安附近的农民不得不卖儿卖女，以求能够活下去。李世民得知后，立刻让官府出捐，把那些被农民卖掉的孩子又买回来，发还给那些农民，体现了一代仁君的爱民气度。

有这样重视农业的皇帝，当然可以树立榜样了。大唐的官员，在李世民时代，基本上都可以说是管理农业的模范官员，就连深宫里的皇后，也号召宫里的嫔妃自己动手，种桑养蚕织布。正是因为皇家的示范效应，使得大唐的农业经济，在短时间内就得到了恢复。

第三节 遵纪守法的皇帝表率

作为皇帝，是天下人的老大，基本上是可以为所欲为的，虽然有法律，但法律对于皇帝来说，也就是个摆设。而要想维护国家的长治久安，就必须要遵守国家的法律制度。可惜的是，多数皇帝都不明白这个道理，而且认为当皇帝的特权，就是可以不遵守法律。

李世民虽是大唐的皇帝，但在他当皇帝期间，并没有借助自己的皇帝地位去违反法律规定，而是以身作则去遵守国家制定的种种制度。

登基第一年，为了显示新皇帝的新气象，李世民召集长孙无忌和房玄龄等人,对《武德律》进行了重新修订,经过十年的努力,终于制定了《贞观律》,并在贞观十一年(637)颁布并实施。

《贞观律》充分体现了李世民"仁本刑末"的法制思想,就是要行仁义为主,刑罚处置为次。这和以往的皇帝主张严刑峻法不同,给了犯法的人更多的改正机会。

《贞观律》在准备实施时,一些大臣认为法律太宽松了,起不到威慑民众的作用,尤其在肉刑方面,简直就是直接放弃了。一些大臣认为对犯法之人就应该往死里整,不能断头,最起码也要断手断脚,在脸上刺字,只有这样,才能树立起王朝的威严。但是,李世民却否决了他们的意见。《贞观律》只保留了绞刑和斩首两种死刑,对于肉刑一律废除,一般的刑罚就是打屁股、坐牢和流放几种。

死刑复核制度,也是在李世民手上建立的。一次,大理寺官员张蕴古办理了一件案子,案子的缘由很简单,就是一个精神病人对李世民说了一些不该说的话,被李世民下旨,要大理寺官员办这个疯子的罪。要是其他人,也就算了,反正是办一个疯子的罪,也得罪不了什么人。但是张蕴古却对李世民说,这是个疯子,按照法律,不应该判有罪,还是放了他吧。

张蕴古敢对皇帝说不,其他大臣却不想蹚这浑水。李世民连哥哥弟弟都能杀,别把他逼得为一个疯子弄没了大家的官位。于是,他们纷纷站在张蕴古的对立面,检举他徇私枉法。

李世民接到大臣们的检举，非常生气，马上下令将张蕴古斩首。张蕴古一死，李世民就后悔了，认为自己处置得太过草率。于是，他做出规定，以后再判决死刑案件，官员们一定要奏明三次，才能实施。就这样，李世民当政时期，死刑案件大为减少。

贞观六年(632)底，李世民在审核死刑案件时，觉得有必要让这些死刑犯跟家人最后团聚一次。于是，下令全国的死刑犯都回家，等到第二年麦子收上来后，再回来执行死刑。

李世民的命令让大臣们都觉得吃惊，担心那些死刑犯会一去不回，那皇帝的脸面往哪放？没想到，第二年秋收完毕后，三百多个死刑犯全部在规定的时间内回到监狱报到，等待被处死。消息传开后，举国震动，而李世民也下诏，免去了这些守信用的罪犯的死刑。

有了法律，重要的是按法律规定执行。如果没有这一点，再好的法律也是摆设。其中，皇帝的表率作用至关重要。如果皇帝带头破坏法律，那法律也就不成其为法律了。在这方面，李世民起了一个非常好的作用。

唐实行科举考试制度选拔官员，但如果出身好，在考试时还是会有优待的。因此，一些参加考试的人就假冒出身，希望得到优选。李世民对这种假冒祖宗的做法十分生气，限定有这种行为的人赶紧自首，不然时间一到，查出来就要砍头。结果，还真在期限外查出了一个胡乱攀扯祖宗的考生。

没说的,杀!

案子落到大理寺,被官员戴胄顶了回去,没有自首,罪不至死,这人不能杀!李世民生气了,后果不堪设想。他把戴胄找来质问:"我早说了不自首就杀头,你却说不能杀,这是摆明了让我在天下人面前失信。你是不是想枉法断狱?"

戴胄也不含糊:"你是皇上,想杀人没人能拦你,但既然要我判案,我绝不敢违背法律。"

李世民说:"你想当守法的官员,却让我失信,现在,你说怎么办?"

"法律,是最大的信用。现在,陛下想用小信用取悦天下人,不是我能赞同的。"戴胄依然不退缩地回答道。

听了他的话,李世民醒悟了,当即赞同戴胄的判决。

还有一次,李世民在全国范围内征兵,因为兵源不足,就让还没满十八岁但身高体壮的人也服兵役。这就违背了不满十八岁不用当兵的决定。命令发到魏征手里,魏征立刻表示不同意,并且拒绝在命令上签名。唐代规定,相关官员不在命令上签名,命令就无效。

李世民很恼火,把魏征喊来,做他的思想工作,说现在这些看起来不到十八岁,但身高体壮的人,其实都是满了十八岁,却故意隐瞒年龄。所以,让他们当兵,没什么错。

想说服魏征,李世民还缺点嘴上功夫。李世民费了半天唾沫,魏征还是摇头不答应,反而对李世民说,法律确立,就要遵守,如果朝廷不守法、不讲诚信,天下就没办法治理了。

就这样，在魏征一番中肯的道理中，李世民低头了，他不仅取消了这个规定，还向魏征道歉，承认自己在这件事情上错了。

在官员任命上，李世民也是守法典范。一次，他以前当秦王时的旧部官员因为受贿被罢官，李世民想找个机会让他官复原职。不想，刚要写任命书，就被魏征知道了，他马上表示反对，对李世民说："你做秦王时的部属，现在都在中央政府担任要职，如果你看在过去功劳的分上对他们纵容，那要照顾的人就多了。所以，这个任命不能执行。"

李世民一听，觉得有道理，马上停止执行，还对这名官员说："我以前是一个藩王，现在是天下的主人，所以不能因私废公。"这名官员没法，只好回去当老百姓了。

正是因为李世民能做到当一个守法的皇帝，所以贞观年间的政治才能实现清明。

第四节 皇帝的镜子

作为一国之尊，李世民留给历史的最著名的形象就是纳谏。纳谏就是听取官员给自己提的意见。历朝历代的官员设置都有谏议大夫这个职位，职责就是专门给皇帝提意见。这个职位虽然品级比较高，又直接跟皇帝发生联系，但没有多少人愿意去当这个高官。原因很简单，给皇帝提意见，是个费力不讨好的活。官员的意见对了，那就意味着皇帝错了,官员就不会在皇帝那里有什么好印象,再想升官就很难了;要是碰到脾气不好的皇帝,被罢官已是运气好,丢掉性命也是常有的事。所以不是没别的官职可做,一般人是不会主动去当这个官的。历朝历代,谏议大夫无数,但真正能留下名字的,没有几个。

历史在唐朝这里拐了一个弯,李世民的官员,就数谏议大夫最神气。即使不是谏议大夫,也要蹦出几条对皇帝或者国家建设的意见来。这里面最为著名的人物就是魏征。

魏征以前是李建成手下,曾经多次提议李建成赶紧下手除掉李世民。就是这么个人物,李世民胜利后,却没有处置他,而是让他当了谏议大夫。一般人看来,这就是把仇人放在一个能随时引发仇恨的位置上,稍不小心,就会新账旧账一起算。

但是魏征却不这么想,他好歹也是在造反队伍里混过的人,跟过的主人无数,却都没能让自己显示出能力来,现在终于在中央政府出头了,如果再不发挥自己的实力,那就真的对不起自己了。于是,魏征把谏议大夫当成了自己热爱的事业,开启了这个惨淡职业的一片辉煌。

贞观五年(631),李世民的帝位已经非常稳固,四海之内也非常肃静,隋末以来的动荡已经彻底平息。于是,一帮拍马屁的人就说李世民功高盖世,应该像古代帝王那样,到泰山去封禅。开始,李世民还装模作样地表示自己不够格,但群臣也摆出皇帝不答应就是对上天不敬的架势,不断提出动议。李世民见状,也就不再拒绝,开始做封禅的准备。

没想到,大家都认为这事可行,魏征却不认为可行。他对李世民说,虽然你具备了以往帝王封禅泰山的一切条件,但目前刚刚结束战乱,人口数量也没恢复,仓库里也没有多少储蓄,从长安到山东这么远的距离,一旦出动,将会摆出多大的排场?不是扰民吗?再说了,还有那些番邦,都要跟着过来陪伴,他们很容易看清大唐的虚实,这不等于增加了军事危险吗?

经过魏征这么一说,李世民思考后,就放弃了封禅的念头,而且这一放弃就是永远,李世民终身都没有去完成中国帝王最热切的大事。

魏征对李世民的规劝几乎到了事无巨细和不分场合的地步,以至于李世民只要听说魏征来了,就有些害怕。到最后,李世民被魏征挤兑得实在受不了,回到寝宫,怒气冲冲地说总有一天要杀了这个乡巴佬。

幸亏李世民的皇后长孙氏知道魏征是难得的忠臣,她马上换了皇后的朝服,恭敬地向李世民表示祝贺,说自古只有贤明的君主才能拥有正直敢言的大臣,如今魏征是这样的人,正说明了李世民是贤明的君王,所以她要表示祝贺。

皇后的一番话,让李世民顿时醒悟,越发敬重魏征,并且把魏征比作自己的一面镜子。魏征去世时,李世民悲痛地说自己失去了一面镜子。

在纳谏方面,李世民有许多值得赞颂的例子。有一次,李世民的大舅子、心腹大臣——长孙无忌,去拜见他时,忘记解下所佩的腰刀,这就违背了大唐的法律,按律当斩。长孙无忌自然不会有杀李世民的心思,应该是疏忽了,而值班的校尉也因为长孙无忌是李世民的大舅子,没当回事。大臣封德彝说,值班的校尉渎职,要杀头,长孙无忌以罚款抵罪。李世民自然不愿意处死自己的大舅子,立刻批准实行。

但是戴胄却认为这样处罚不公,他对李世民阐述了自己的意见,长孙无忌和值班校尉的罪是一样的,要么两人都杀,要么两人都缴罚款免罪,没有第三条路可走。

就这样,为了法律公正,戴胄几次和李世民争执,最后李世民接受了戴胄的意见,赦免了长孙无忌和值班校尉。

作为帝王,都喜欢自己住的地方舒服点,这就难免要大兴土木搞建设,李世民也不例外。大臣马周针对这种现象,多次上书李世民,坚决反对这种大规模的皇宫基建工程,并且把这一行为上升到亡国的危险境地。他直接告诉李世民,如果这样做了,就和历史上的昏君没什么两样。

任何帝王,哪怕真是昏君,但凡有人指着鼻子说他是昏君,也一样会暴跳如雷。所以,李世民也很生气。李世民问马周的同事张玄素:"我真的是这样的昏君吗?"那意思很明显,只要张玄素说不是,马周的官就当到头了。

没想到张玄素丝毫没有给李世民面子,他说:"如果你真的要搞皇宫的土木工程,那大唐的国运也就到头了。至于你是不是昏君,你自己看吧。"

接连碰到两位刺头，李世民却没有暴跳如雷，而是虚心接受了马周的意见，打消了修建皇宫的打算。

可以说，李世民作为帝王最出彩的一面，就是他改变了帝王逆鳞触不得的形象，他和他的那些敢于提意见的大臣们一起，为大唐多彩多姿的大花园，增添了最绚丽和最芬芳的花朵。

第五节　天可汗

大唐在李世民的治理下，内政清明，国力强盛，有了用武力征讨四方的资本。对于一个马上皇帝来说，军刀挥舞、战马奔腾的战场，永远有着巨大的吸引力。

李世民的第一个外患就是突厥。在李世民刚即位时，突厥的颉利可汗就带着人马在渭水边示威，要给新皇帝一个警告，不要以为换了皇帝，就可以不认盟主了。当时李世民实力不足，所以只好忍耐，送了大量的钱物，好歹和突厥签订了互不侵犯条约，买得一时平安。

虽然李世民送了钱，又遵守条约，但突厥这样的游牧民族可不把什么条约放在眼里，照常来边境进行抢劫杀戮。以至于李世民不得不把自己手下的名将李靖等人安置在边境，这才勉强保得平安。

公元630年，突厥内部发生了分裂，分为东西两部，其中东突厥在颉利可汗的率领下，继续与大唐为敌。李世民觉得时机成熟,决定要出几年前的恶气,顺带把突厥灭了。于是他派遣李靖为大将,率领一群猛将出征。

李靖是一个战争全能型人才,平定南方,只是牛刀小试。现在,面对拥有强大骑兵的突厥人,才真正显示出他的不凡。

面对突厥强悍的骑兵,李靖采取以快制快的战术,对颉利可汗的老巢发动突袭,以三千兵马打得颉利可汗落荒而逃。面对紧追不放的唐军,颉利可汗玩了个花招,向李世民请降,说愿意归顺大唐,希望李世民派人来谈判。李世民洞察其奸,派唐俭去和颉利可汗会面,但却不对李靖下停战的命令。

此时,是检验君臣之间默契程度的时候了。李靖知道李世民派人去和谈后,决定趁颉利可汗放松警惕时,发动进攻。张公瑾说:"皇上已经派唐俭去和谈了,这时发动进攻,不仅违背皇上的命令,唐俭的命也可能丢了。"

李靖说:"现在是歼灭突厥的大好机会,区区唐俭,有什么值得可惜的!"于是命令部队进攻。果然,颉利可汗正忙着招待唐俭,不想李靖突然发动了进攻。颉利可汗被打得落荒而逃,最后被唐军俘虏。

面对自己的手下败将,李世民没有一杀了之,而是封颉利可汗为将军,在长安享福。面对被俘的突厥部众,包括魏征在内的大臣都主张将其驱逐出大唐,而李世民却拒绝了这些提议。他把突厥部众安置在长安东北一线,并把突厥故地划分为十个州,设立了都督府,使得大唐的国土面积向北延伸。

灭了东突厥,不等于万事大吉。西北的吐谷浑也想跟李世民叫板,开始在边境进行抢劫活动。李世民在多次劝诫无效后,决定出兵,彻底解除大唐的又一隐患。这次挂帅出征的还是战神李靖。

本来李靖在灭掉突厥后,急流勇退,向李世民申请退休。报告刚批下来,吐谷浑就开始叫阵。不等李世民发话,李靖主动请缨。派别人去,李世民不放心,现在李靖主动请求,李世民欣然答应。

吐谷浑所在地在今天的青海、新疆一带。大唐军马一到这里,所见之处都是沙漠。在和吐谷浑交手几次取得胜利之后,一些将领都觉得应该见好就收,但兵部尚书侯君集却说应该趁着吐谷浑首领打了败仗丧胆之际,穷追猛打,彻底解决这一西北地区的隐患。李靖支持侯君集的意见,立刻兵分两路,对吐谷浑残存的兵马发动追击。

强将手下无弱兵,李靖是位战神,手下的将领也不是吃干饭的,两路兵马追上吐谷浑的部队后,立刻展开了围剿,几仗打下来,吐谷浑彻底败了下来。更让李世民高兴的是,这次战斗中立功最大的是新收编的突厥首领契苾何力,他只率领一千骑兵,深入塔克拉玛干腹地,活捉了吐谷浑首领伏允的妻儿,逼得伏允自杀。最终,吐谷浑成为大唐的属国,不敢再背叛。

一直以来,中原王朝与西方通商,都要借助西域这条通道。而西域道路上，小国林立。李世民灭了东突厥之后，西域各国非常震惊，公举李世民为天可汗，表示愿意服从李世民的指挥。但有一个高昌国却想自己当西域老大，于是，高昌国的国王鞠文泰就和西突厥勾结在一起，专门对从唐朝来的客商进行打劫。在多次劝说无效后，李世民派侯君集挂帅，征讨高昌国。

高昌国刚开始听说大唐出兵时，还满不在乎，觉得西域离长安几千里地，大唐兵马就是走到高昌，也死得差不多了。于是，他还是扬扬得意地在西域吹嘘自己是老大。等到侯君集率领军队来到高昌国境内时，鞠文泰一下子就吓傻了，也不敢跟侯君集打照面，带着人就往西突厥那里跑。

侯君集不肯善罢甘休，不但最后拿下了高昌国，吓死了鞠文泰，还连带着把西突厥收拾了一顿，为最后平灭西突厥打下了基础。

至此，西域全线平定，西域各国再也没有敢跟李世民唱对台戏的人。李世民将各国的首领接到长安安置，然后在高昌故地设置安西都护府，对西域进行管辖。

平灭高昌只是大唐征服西域的第一步，后来，大唐又先后征服了龟兹、疏勒等小国，设置了安西四镇。公元658年，大将苏定芳率军出征，彻底平灭了西突厥，解除了大唐最后的威胁。

李世民平复四海，成为名副其实的天下之主。在他的治理下，长安成为一座国际大都市，这里不仅居住着各民族的首脑人物,还有来自世界各国的生意人。长安城的繁华和先进,使得大唐成为一块最具吸引力的吸铁石,汇聚各国来客的同时,不断把大唐的物产和文化传播到四方。"唐人"成为那个时代和今后最能代表中华民族古代风范的代名词。

第四章

理不清的家务事

第一节 荒唐的太子

帝制环境下,对于皇室成员来说,最具吸引力的就是皇位,而对于在位皇帝来说,最操心的事就是为自己选皇位继承人。皇帝不搞计划生育,所以儿子多,要从众多儿子当中选一个继承人,就是比较伤脑筋的事了。

中国社会对于继承人,有着很明确的规矩,那就是嫡长子继承制。这个制度在普通人家里实行得比较好,但在帝王之家,嫡长子能继承地位的却不多。李世民就不是嫡长子,为了继承皇位,杀了自己的哥哥,软禁了自己的父亲,才算得偿心愿。这成了他的一块心病,只能以"为天下计"这种拙劣的借口来为自己开脱。

如今君临天下的李世民,也到了要为立太子而操心的时候。

李世民和长孙皇后一共生了三个儿子,老大叫李承乾,老二叫李泰,最小的叫李治,再加上和别的妃子生的儿子,一共有十四个。这其中,李承乾理所当然是皇位继承人,其他儿子基本上都不用有非分之想。他的太子之位确立得也比较早,在李世民即位的第二个月,就昭告天下,确立了李承乾太子的身份。

公平地看,李承乾作为储君,他的表现在一开始还是合格的,给人的印象也是聪明,惹人喜爱。在他十六岁时,李渊去世，李世民要为父亲守孝，军国大事就交给他处理。这段代理皇帝的日子，他的表现无可挑剔，让李世民感到高兴。以后只要李世民出去打猎、度假，就会把一切事务都交给太子处理。

如果李承乾顺着这样的轨迹走下去，那么最后的皇冠一定是落到他的头上。但顺境有时会摧毁一个人的人生，李承乾可能觉得这样总被人评优的考察太没意思了，就想着要挑战一下李世民和大臣们的底线。于是，他开始胡作非为了。

李承乾对准的第一个目标就是负责向太子提意见的官员。为了让未来的皇帝完美成长，东宫有专门的谏官，负责纠正太子的错误。但是李承乾却根本不给谏官提意见的机会。一看到他们有话要说，李承乾马上主动承认自己错了，说自己以后再也不犯错了。他的诚恳，让谏官也不好意思再提。就这样，李承乾犯错不断，却没有一个谏官能指出他的错误，更不要说督促他改正了。

小错误不断积累，让李承乾的心越来越大，也越来越野，已经不甘心小打小闹，而要做出点出格的事来。李世民身为天子，是大唐辽阔疆域内所有民族的一把手，其中，地位最高的自然是汉族。但李承乾偏偏对李世民的手下败将突厥崇拜得五体投地，没事就在家里穿突厥族的衣服，假扮突厥人玩。如果他仅仅是见突厥人的习俗稀奇，自己过过瘾也没什么，但他却太出格了，直接把自己的寝宫按照突厥人的习俗进行装扮，在院子里搭建帐篷，住在里面，对自己的卫队也严格挑选,只要是长得像突厥人,就会成为他的心腹,让他们也打扮成突厥人的样子,在宫内赶着羊群,到处乱走。他还制作了突厥人的旗帜——狼头旗,在宫里晃荡,搞得别人以为突厥人占据了宫廷。

这还不算,李承乾还让人造了一丈多高的铜炉和大鼎,然后模仿突厥人打家劫舍的行为进行抢劫。宫里能有什么东西可抢的?李承乾就让人去民间抢,把抢到的牛羊放到大鼎和铜炉里煮,然后和众人拿着刀,割着吃,完全不成体统。

突厥人的习俗和汉族人完全两样,尤其是殡葬习俗。按说人都是乐生恶死的,偏偏李承乾是个异类,想体验一下突厥人的丧葬,于是他对手下人说:"我假装可汗死了,你们按照突厥人的葬礼给我发丧。"说完,就倒在地上装死。

手下人不敢怠慢,就学着突厥人的样子,骑着马,围在他身边乱跑,大哭,然后还用刀子划自己的脸。这种乱糟糟的气氛,让李承乾无比向往。他坐了起来,对众人说出了自己的心愿:"将来要是我有了天下,一定身率万人,到金城去拜见思摩,解开头发,做他的奴仆,这该是多么快乐的事啊。"

身为太子,不想着日后当皇帝的风光,却要委身于大唐的手下败将和属官,这种出格的思维模式一下子就把他身边一些清醒的人给雷倒了,他们都认为李承乾不像话,一定是妖孽投胎。

李承乾如此胡闹,不是没人管,李世民为太子配备了很好的老师,如于志宁、张玄素都是贞观年间的能臣,对太子的教育,也是尽心尽责。无奈,太子的心已经野了,不但听不进任何教诲,还对于志宁和张玄素起了杀心。他先派刺客去刺杀于志宁,不想,刺客摸进了于志宁的家,堂堂宰相级别的官员,竟然家徒四壁,刺客很是感动,就没下手。而张玄素就没那么幸运了,他见太子因为胡闹而花钱无数,劝说了几句,这就惹怒了李承乾,直接派人在他上朝的路上埋伏。等到张玄素经过时,把他拉下马,用大锤将他砸伤。

皇室是个大家族,各样人都有。李承乾如此胡闹,在皇室成员里自然能找到知音。他的叔叔汉王李元昌就是陪着他胡闹的人,两人在宫中聚集起一群人,分成两派,李承乾和李元昌各自带领一队人,披着毛毡当铠甲,拿着竹竿当长矛,玩打仗的游戏。这打还不是假打,是真打,手下人当然不敢打这两位王爷,于是只能被两人打,被打得满身是血,也只能认倒霉。这两位糊涂王爷倒是高兴得哈哈大笑。

李承乾对这种荒唐游戏非常着迷,多次对李元昌说:"将来我当了皇帝,一定在宫廷中设置万人驻扎的大营,然后和叔叔你一起继续玩这种游戏,那是多么壮观。"

这样的糊涂太子,能当皇帝吗?

第二节 更换太子的风波

对于太子的胡闹,李世民不是没有耳闻。但刚开始,他也不怎么在意,毕竟太子年龄还小,即位也不知是哪年的事,还有的是时间去改造。

李世民的疏忽,使得太子的胆子越来越大,做的事情也更加荒唐,直接引起李世民不满的就是太子的私生活,让李世民觉得把皇位传给太子太不靠谱了。

李承乾有着历代帝王都有的好色毛病,如果他真是皇帝,那也没人能管他了,但现在是后补皇帝,在女色上不检点,直接会在李世民面前丢分的,更何况李承乾不仅喜欢女人,还喜欢男人——一个戏子。一个名叫称心的乐童成了李承乾的心肝宝贝,两人同吃同住,形影不离。

儿子如此胡闹,李世民脸上有些挂不住。他把李承乾狠狠地训斥了一番,然后让人把称心乱棍打死,也算是对李承乾的一次严重警告。

可是李承乾没有体会到父亲的苦心,他把全部的心思都用在缅怀称心上面了,他在东宫给称心设了灵堂,塑了像,每天早晚都要去灵堂祭奠,还在东宫庭院为称心修了坟。更离谱的是,他还跟李世民打起了冷战,不但不去上朝,甚至连每天的问安都不做了。

敢对皇帝使小性子的,也就这么一个宝贝太子了。李世民是个英雄人物,哪里能受这种气?既然太子敢给他脸色看,他就让太子看看他这个皇帝爸爸的脸色是怎么样的。于是,他有了更换太子的念头。

皇帝家的父子闹别扭,和平常人家是不一样的。平常人家出了这种事,有人来劝一下也就过去了,而在帝王家,皇帝父子闹别扭，那就属于国家大事，而且还不是一般的大事。李世民有了更换太子的心思，当然不是能随便召集大臣开个会就确定的。

为了让大臣在更换太子这件事上支持自己，李世民开始向大臣们暗示自己的心思。当时朝廷有个规定，那就是所有的官员在出行时，如果遇到亲王，就必须下马落轿，在路旁恭敬地行礼。

虽然这是为了显示皇家威仪，但大臣王珪却认为这个制度不公平，大臣有大臣的人格，而且许多皇亲只是身份高贵，又没有什么职务，为什么要让大臣向他们行礼？小官向没有官职的皇亲行礼也就算了，三品以上的高官也这样做，成何体统？于是，他就向李世民表示反对这项制度。

李世民正愁找不到机会向大臣们表达自己要更换太子的心思，见有人给了自己机会，立刻一反往日虚心接受意见的作风，板起脸对王珪说："你们这些人自以为当了官就富贵无比了，就开始轻视我的儿子了。不行，这规定必须执行。"

魏征也赞成王珪的意见，认为高级干部对一些无职权的王爷下跪行礼，确实不是什么好制度。李世民见魏征上来帮腔，觉得这出戏更好唱了，只要说服了魏征，让他同意，那更换太子就会顺利得多。于是，就顶了一句："人活在世上寿命长短是很难预料的，如果哪一天太子遭到了不幸，你怎么知道这些王爷中的哪一个会成为你们的主人？你们还有理由轻视他们吗？"

李世民的这番话把想更换太子的意思明白地表达出来了:不要轻视这些没有职位的王爷,他们都是我的儿子,太子要是有什么意外,说不定他们中的哪一位就是你们的皇帝了,多想想以后,你们还能轻视他们吗?

魏征等大臣都是聪明绝顶的人物,又和李世民在一起的时间长,他的弦外之音怎么能听不出来?李承乾虽然胡闹,整天打扮成突厥人,玩打打杀杀的游戏,但出意外挂掉的风险基本不存在。所以李世民这样说,自然就是有更换太子的意思了。

作为受儒家思想熏陶的文臣,魏征注重国家的稳定,尤其在皇位继承方面,有个什么意外,对天下都是一种震动,说不定就会被别有用心的人利用了,那时,国家就会面临战乱。因此魏征决定打消李世民的这种想法。他马上说:"自从周朝确立帝位继承制度以来,从来都是子孙相继,不立兄弟。"

魏征的观点非常明确,他告诉李世民:不要以为你儿子多,我们就不知道该把谁当皇帝了。帝位继承的制度从周朝起就确立了,父死子替,代代相传。现在就是太子死了,也应该由太子的儿子继承,儿子死了,还有孙子,只要太子这一系有男人,太子的其他兄弟,就不要有非分之想。

听了魏征的话,李世民也不好反驳,毕竟,礼教的力量是非常大的,他自己为了即位,搞得兄弟父子之间刀兵相见,如果现在再弄出个更换太子的事件来,那帝王在皇位继承上的荒唐事,他算是占全了。想到这里,李世民不得不打消了更

换太子的念头。

如果这个时候李承乾能醒悟过来，改邪归正，那么李世民还是会继续观察和培养他。只是李承乾确实是烂泥扶不上墙，依然我行我素，没有半点让李世民感到满意的地方。所以李世民更换太子的念头一直没有放弃。

在帝位继承方面，任何帝王都想一个人说了算。李世民也不例外，更何况他是一位称职的帝王，对自己开创的帝业非常关心，又经历过隋末的大动荡，自然不想自己打下的锦绣江山败在不成器的儿子身上。现在见到太子不成器，当然想换一个继承人。只是因为有魏征、褚遂良和长孙无忌三人的坚决反对，导致他一时无法下决心。

第三节 皇位的诱惑

李世民更换太子的心思，大臣们都知道，李世民的儿子们自然也不会不知晓，这其中对帝位最热心的就是李泰了。

李泰是李世民和长孙皇后的二儿子，在众多皇子当中排行第四，封为魏王。这个位置想要继承皇位，基本上没戏。但没戏不等于没想法，更何况皇位的诱惑是巨大的。同时，李泰是个精明人，太子的荒唐行为，他也知道，李世民要更换太子的想法，他更知道。因此，抱着不能输在起跑线上的念头，李泰开始蠢蠢欲动了。他挖空心思讨李世民欢心，而李世民也多次不避嫌地表达对李泰的喜爱。

虽然李承乾很任性胡闹,但对于自己能不能继承帝位,他还是很在乎的。毕竟,当不了皇帝,他的那些荒唐理想便不能实现了。现在,李泰对太子之位发起了进攻,他就不能不有所应对。如何应对?李承乾那样的人脑当然想不出洗心革面的办法,而是想到要用肉体消灭的办法,除去自己的竞争对手李泰。

别看李承乾在家里玩打打杀杀的游戏很逼真,但真正想动手杀皇子,却不是件容易的事。几次行动失败后,李承乾不去总结经验,相反,却生出了更大的念头——谋反。

在夺皇位这件事上,李家是有传统的,而且,玄武门事变时,李承乾虽然年幼,但也在家里经历了那一场风暴。他觉得父亲能行,自己也不会差多少,于是就勾结了猛将侯君集等人,密谋造反。政变的计划就是李承乾假装生病,让李世民来东宫看望,趁这个机会拿下李世民,重演逼父让位的大戏。

纸上谈兵的计划很圆满,但现实中的计划,总是赶不上变化,更何况是谋反这样的大事。就在李承乾和他的同伙紧锣密鼓地进行准备时,李世民的另一个儿子齐王李祐在齐州宣布独立,向父亲宣战了。李祐想当皇帝,是被他叔叔忽悠的,李世民的儿子有那么多,无论如何也轮不到李祐,如果想要当皇帝,就只有靠武力夺权。就这样,李祐聚齐了千把人,就宣布造反了。

只不过这种公子哥把造反当儿戏,以为有几个人支持,就能成功。没想到,李世民还没派兵平叛,齐州的地方军就已经把他拿下,送往京城交给李世民处理了。

帝王对于造反这种事是非常痛恨的,哪怕是自己的儿子造反,一样要严惩。在对造反者进行审讯时,拔出萝卜带出泥,把李承乾的心腹给挖了出来。这个心腹为了立功免死,就把李承乾暗地里准备造反的事说了出来。

本来李世民对自己的儿子敢扯旗造反就已经很痛恨了,没想到自己的太子竟然也有反心。这下新账旧账一起算,李世民马上下旨成立专案组,对李承乾进行审查。这个专案组汇集了长孙无忌、房玄龄等高官,也是当初参与了玄武门事变的人。在这群有政变经验的人面前,李承乾的任何狡辩都是难以混过去的。审理的结果自然是李承乾谋反的事实成立。

对于李承乾,李世民早就失望透顶,他就是没谋反,李世民都看他不顺眼,想着要撤换,现在就更不用说了。让李世民难以接受的是,参与李承乾谋反的竟然有自己最信任的大臣侯君集。如何处置这位有功之臣,让李世民有些犯难了。

作为一个马上夺来天下的皇帝,李世民是很看重和功臣之间的感情的,他希望自己和功臣之间的关系能和谐,能善始善终。拿李世民的头号功臣尉迟恭为例,尉迟恭脾气暴躁,喜欢倚老卖老。一次酒会上,尉迟恭借着酒劲,斥骂一位没给他让座的官员,亲王李道宗前来拉架,尉迟恭也不给面子,一拳差点把李道宗的眼睛打瞎。李世民见状,虽然不高兴,但还是没有追究,只是提醒他说:"我以前看史书,总认为汉高祖杀功臣是不对的,所以,我即位以来,总想保全功臣,今天看到了你的所作所为,才知道汉高祖杀功臣,不是他一个人的过错。"然后警告尉迟恭,这样的事不能再犯,否则是会后悔的。

对功臣进行面斥,就是李世民对功臣最大的惩罚了。但现在侯君集卷入了谋反这种大逆不道的事,李世民作为皇帝,也是不能容忍的。所以,在功臣和法律之间,李世民有些犹豫。他召集大臣,当着侯君集的面,商议如何进行处罚。

侯君集还想活,但大臣不想让他活。长孙无忌直言谋逆之臣决不可饶恕,必须处死。这话说到李世民的心里去了。于是,他流着泪对侯君集说:"不是我不饶你,是法不容你。"就这样,侯君集被拉到刑场砍头。作为功臣,李世民还是免除了对侯君集家属的牵连,没有进行灭门。

处置完同伙,如何处置李承乾,成了一个问题。李世民照例把这个问题交给大臣讨论,意思很明显,这次换太子,不是他一个人独断专行。但大臣们也不是傻瓜,掺和皇帝的家务事,尤其是废立太子这样的大事,本来就是出力不讨好。而且,太子谋逆,不管怎样处罚,都只会处置太子一人,而按照礼制,皇帝之位还是由太子的儿子继承。如果以后太子的儿子掌权了,要追究起当初提出处置自己爹的意见的大臣来,那不是给自己挖坑吗?

沉默了许久之后,终于有大臣委婉地对李世民说:"你虽

然是皇帝，但还是一位慈父。所以还是让太子得享天年吧。"这意思很明显，就是太子可以废掉，但最好不要以谋逆的罪名杀掉，给他安置在一个地方，让他自生自灭吧。

李世民接受了这个提议，把李承乾废为庶人，安置到了黔州。两年后，李承乾在黔州默默地死去，终年二十六岁。

太子谋反案处理完，并不等于大唐的天空就晴朗了。因为太子的位置空出来了，而这让对皇位早就有野心的李泰更加按捺不住了。

第四节　一波三折选太子

虽然李世民在以往的多个场合里都对大臣表示，太子之位总是属于李承乾和他的后代。但谁都知道，这只是说说而已，在没有正式确立太子之前，所有的皇子都有机会。

对于立谁为太子，李世民心里有数。在李承乾没出事之前，他就想立李泰。李泰知道父亲对自己有意，就加紧了上位的准备。为了讨父皇欢心，李泰每天都会进宫请安，父子间的感情与日俱增。对于李泰，李世民本来就偏爱，每月给李泰的零花钱比太子还多。而且李泰也有长处，就是文采很好。在太平盛世，自然不需要有过多的武功，而文采却是任何时候都必不可少的。

有了特长，就要显摆。李泰为了显示自己的文采，特地组织人编了一部《括地志》，就是介绍大唐地理的书，这也从另一个侧面歌颂了李世民开疆拓土的功绩。看了这部书,李世民很高兴,下令国家图书馆收藏这部书,并且也把李泰当太子的事,提上了日程。

让李世民没有想到的是,大臣们的意见却出现了分化,一派以刘洎为首,迎合李世民的心思,主张立李泰;而另一派以长孙无忌为首,主张立李世民的另一个儿子晋王李治。从两个儿子背后支持者的分量看,支持李治当皇帝的大臣分量要重一些。

这样的结果,让李世民有些困惑不解。在他看来,李泰无论从哪个方面看,都和自己很像,有志向,有韬略,有智慧,有才情,完全是当皇帝的合格人选,大臣们为什么看不上?

大臣们看不上李泰的原因可能有两个:第一,他太张扬,没有当皇帝所需要的稳重;第二,这些大臣们可能觉得伺候李世民这样的英才太累了,如果再来个像他的,那还不得累死?

有了分歧,就要协商,这本来是一个漫长的过程,只要李泰耐心等待,或许结果是有利于他的。但是,皇位太诱人了,只要一天不到手,就存在变数。所以,李泰决定要尽快让太子这个果子落到自己口袋里。

李泰知道朝廷有分量的大臣属意自己的弟弟李治,而李世民也在犹豫。为了表示自己当皇帝不是出于私心,他对李世民说:"我只有一个儿子,将来我死的时候,一定为陛下杀死他,把皇位传给李治。"

对这种明显不着调的假话,李世民这个精明的皇帝却因为立场问题而相信了,不仅相信了,还对那些持反对意见的大臣们说:"看看,我这个儿子的觉悟多高啊。人哪有不爱自己儿子的?老实说,见他这个样子,我都爱怜他。"那意思是你们看看,天下有这样的好人吗?为传皇位给弟弟而杀自己的儿子,这样的人还不够当太子吗?

李世民被忽悠了,大臣们可比他清醒。褚遂良马上就顶了回去:"魏王以后坐天下,怎么可能会在百年后杀自己的儿子,而把皇位传给晋王呢?"那意思是这种低级谎言,你也信?不仅如此,褚遂良还说:"你想传位给谁,是你的事,但你一定要把晋王安置好,不然兄弟相残的事就又会上演了。"

这边李世民还没能说服大臣们,李泰却等不及了,他直接找到弟弟李治,吓唬他说:"你和太子的亲信叔叔李元昌关系亲密,现在李元昌因为卷入太子谋反案被杀,你难道不害怕吗?"

李治年纪小,胆子也小,立刻被李泰吓傻了,每天都怕无妄之灾落到自己的头上。李世民见他每天都魂不守舍的,就问他怎么了?李治老老实实地把李泰的话说了出来。李世民这才明白了李泰的险恶用心,开始后悔自己在大臣面前说要立李泰当太子的话。

最终彻底断送李泰皇位念想的是废太子李承乾。李世民在去囚禁地看望他时,怒斥他有谋逆之心。李承乾面对父王,使出了终极撒手锏,说自己之所以有这个心,就是为了对抗李泰。因为李泰要谋太子之位，如果让他得逞，自己肯定没好日子过。

听了李承乾的话，李世民震惊了，也对李泰彻底失望。因为如果真的立李泰为太子，那就表明太子之位可以通过钻营得到。这是李世民绝对不愿意看到的。

李泰出局，现在只有李治了。李世民担心大臣们一时转不过弯来，就在几个大臣面前上演了一出苦肉计，说自己活着真没意思，三个儿子为了当太子，心术不正，而弟弟又参与谋反，让自己伤透了心，干脆不活了。

说完，李世民先以头磕床，然后又拔出佩刀要自杀。褚遂良连忙夺过佩刀，问李世民有什么要求尽管说。李世民这才说自己打算立李治当太子。长孙无忌听了，立刻表忠心："我们听你的。如果谁敢不同意，我请求立刻杀了他。"其他大臣也纷纷表态，同意李世民的意见。就这样，李治没费什么力气，就白得了一个太子。

但是，没多久，李世民就非常后悔自己的决定。原因很简单，李治太文弱了，遇到一点困难，就哭哭啼啼，没一点帝王的架子。于是，李世民又有了废太子的打算。这一次，他看中了自己的第三个儿子，吴王李恪。

李世民属意于李恪，但李恪有一大先天不足，他不仅不是嫡子，而且还是隋炀帝杨广的外孙。这在李世民的大臣看来，他属于根不正、苗不红一类，虽然有才略，但得不到大臣的支持。因此，当李世民刚一对长孙无忌露出要换太子的口风,长孙无忌立刻表示反对,说在半年之内,几次更换太子,不利于大唐的稳定。而且李恪不是嫡子,真让他当太子,别的皇子就会认为有可乘之机了。

听了自己大舅子的话,李世民觉得有道理,就打消了更换太子的念头。

储君风波,是李世民晚年的一大败笔,又因为看到李治文弱,李世民觉得在自己的有生之年,要尽量为儿子打下一片稳固的江山。于是,他发动了生平最后一次战争。

第五节 大帝谢幕

在李世民为立太子伤神时,辽东半岛的三个王国高丽、新罗和百济之间发生了冲突。这三个国家都是大唐的属国,有什么大事,都要向大唐汇报。但高丽仰仗自己实力强劲,决定吞并百济、压服新罗,达到独霸辽东半岛的图谋。

高丽国因为实力强大,所以在和百济开战后,一路顺风,不仅占据了百济大部分领土,还把百济国王赶到了海边。再进一步,百济的国王就只有跳海了。百济国王无法,只好向李世民抱怨委屈,说自己无端被高丽欺负,希望李世民为自己做主。

作为天可汗,李世民当然不希望自己管辖的属国在没有自己的命令下乱来。于是,他命令高丽立刻停止军事行动。没想到,高丽国王没把李世民的话当回事,对百济照打不误。

李世民见对方不把自己这位天可汗的话放在心上,决定亲自出兵去灭了高丽。

此时,已经是贞观十七年(643),李世民快五十岁了,这个年龄在唐代算是死亡的平均寿命,表明李世民已经快到生命的暮年。大臣都劝李世民不要御驾亲征,有太子在,可以代劳。但李世民看李治就不是个能上阵打仗的坯子,于是拒绝了大臣的提议,想着在晚年为儿子扫平最后一个顽敌,也好让他当个太平天子。

贞观十八年(644),李世民从洛阳出发,率领水陆两路大军,浩浩荡荡朝高丽进发。跟随李世民出征的都是当世名将,再加上李世民这样一位帅才,怎么看,高丽都难逃灭国之灾。

战事开始的时候非常顺利,李世民指挥军队势如破竹,沿途的高丽军队一触即溃,一下子就打到了安市城。在这里,唐军和高丽派来的援军相遇了,双方在这里摆开战场。

为救援安市城,高丽国派来了倾国之兵,因此,只要攻下安市城,高丽就没有抵抗能力了。高丽统帅高延寿也知道这其中的利害关系,因此,拼命抵挡唐军的进攻。由于安市城地势险要,易守难攻,李世民指挥军队攻打多次,也没能攻占下来。

这时,亲王李道宗建议李世民不要在这里打消耗战,而要趁着高丽京城平壤兵力不足,率军直扑平壤,只要攻下了都城,这里也就不战而胜了。李世民本想采纳这个建议,但长孙无忌却认为这样做太冒险,阻止了李世民的行动。

放弃了偷袭平壤的计划后,唐军和高丽军队在安市城死拼,但无论李世民采用什么办法攻城,都没有奏效。就这样,双方一直打到第二年的农历八月份,辽东的天气慢慢变冷,唐军不习惯在寒冷的天气里作战,只好退兵。

回国之路是漫长的,而且又遭遇到暴风雪,唐军的许多士兵都冻死了。看见如此情景,李世民有些懊恼,不该轻易发动对高丽的战争,更后悔放弃了李道宗的奇袭作战方案。

跨年度的征高丽一战,彻底摧毁了李世民的健康。回到长安后,他就病倒了。为了安心养病,李世民把军国大事都交给太子李治处理。

晚年的李世民不仅有东征高丽的错误,还陷入了想当神仙的怪圈。作为一个在马上厮杀的皇帝,李世民本不相信鬼神之说。但当了皇帝后,人间所有的欲望都实现了,还不满足,就只有去当神仙了。李世民也不免俗,开始向往长生不老。为了实现这个目的,他也信了一些道士的鬼话,开始服食所谓的仙丹。不想就是这仙丹,最后要了他的命。

一代雄主李世民,也知道自己的生命进入了倒计时,因此,他强打精神,开始安排自己的后事。首先要考虑的就是太子李治如何能顺利继位。为此,他特地任命长孙无忌、褚遂良为顾命大臣,希望他们能精心辅佐李治。

文臣好办,武将就有些难以安排了。李世民以前和功臣们都是推心置腹,从不对武将玩心眼。但看着文弱的李治,想到自己身边的武将个个都不是省油的灯,李世民决定要玩个心眼,为儿子即位铺平道路。

李勣,也就是曾经的徐世勣,是地位最高的武将,李世民几年前,曾向他托孤。虽然李世民要比李勣小十几岁,但李世民认定自己肯定活不过这个从隋朝起就名声大噪的名将,所以,才向他托孤。现在,李世民又觉得他本领太大,恐怕儿子难以驾驭。于是,他把李勣贬出长安,到叠州担任都督,并对李治说,如果李勣能够毫无怨言地去上任,他即位后,就把李勣召回来重用,届时李勣一定会感激他,并为他出力。如果李勣稍有犹豫,就立刻处死。

李勣在混乱的社会里混了几十年,早就成了人精。接到命令后,他连家都没回,直接就去上任了。看到李勣这样做,李世民才算放下了心。

贞观二十三年(649)五月,李世民的生命走到了最后的时刻。在翠微宫修养时,李世民觉得身体日渐沉重,知道自己不行了。他马上把自己任命的顾命大臣长孙无忌和褚遂良同太子李治一起叫到跟前,对他们安排了后事。他叮嘱自己任命的顾命大臣用心辅佐李治,又叮嘱李治凡事要听从两人的意见。说完之后,李世民瞑目而逝。

一代雄杰李世民就这样走完了自己的征程。唐太宗只活了五十岁,虽然他的生命短暂,但他所开创的帝王伟业却是中国帝制社会中大多皇帝都难以企及的。而他所散发出来的光芒，也是中国帝制社会中最为耀眼的。正是因为有了李世民的伟业，中国的历史才变得丰满迷人，也正是因为这位天可汗的存在，才让世界对中国心生敬意。

第五章

短暂的永徽之治

第一节 合格的皇帝

李治日后的庙号是高宗,他没想过自己能当皇帝,甚至可以说他是被迫接过皇帝的宝座。因为皇兄李泰无缘由地把他当成竞争对手,才使得他成为被筛选的目标。因为沾了出身好的光,作为李世民最小的嫡子,他在其他皇位继承人都出局的情况下,捡了个皇帝头衔。

从历史上看,李治作为皇帝的名声不怎么响亮,因为前面有大唐皇帝中排名第一的老爸树了一个标杆,后面有中国历史上唯一的女皇帝夫人在那里顶着。所以,无论从哪方面看,李治做皇帝,都缺乏应有的建树。但历史不会说谎,李治在位前期,还算是一个合格和称职的皇帝。

李世民去世,贞观之治走进了历史,新皇帝李治登基,改贞观为永徽。坐在皇帝的位置上,前面有老爸做榜样,李治不会没有雄心,再加上贞观年间形成的一些好的做法,李治也都全盘继承下来,这给他奠定了一个很好的基石。

众所周知,李世民当皇帝时最好的做法就是纳谏,无论什么人,只要意见对,哪怕拂了皇帝的面子,李世民也能接受,并照着实施。而李治在即位后,就把这个优点完全发扬光大了。

当皇帝第二年的秋天,李治外出打猎。一般而言,打猎是历朝历代皇帝的娱乐节目,而且也顺带是一项保持皇帝身体健康的有益体育活动。李治的第一次打猎,就遇到了下雨天。当时的雨具比较落后,就是在绢布上涂上油脂,挡雨的效果自然不好,导致李治被淋成了落汤鸡。

这个样子,自然影响形象,也破坏打猎的心情。李治不高兴,就问旁边的大臣谷那律:"难道就没有更好的雨具了吗?我被雨淋成这个样子,不是有失大唐的国家形象吗?"不想,谷那律不是雨具专家,却是谏议大夫。面对皇帝的问话,他回答道:"以瓦挡之,必不漏。"意思是你把房子带在身上,一定不会被雨淋。

这什么意思?谷那律说:"你是皇帝,想要什么样的雨具会没有?既然嫌弃现在的雨具,就下命令把房子带在身边吧。遇到下雨,随时就可以进屋避雨了,还怕什么被雨淋?"作为谏议大夫,谷那律这样说话已经是很客气了,还算是给新皇帝面子。李治不傻,听出了谏议大夫说自己打猎的行为有些劳民伤财。他不但没有生气,相反,还停止了打猎活动。

打猎的事情,李治觉得自己不在理,也虚心接受了大臣的意见,但不久发生了另一件事,李治觉得自己是真理在手,说话应该有人听了。这件事是一桩国库盗窃案,而罪犯竟然是负责国库警卫的官员卢文操。这是典型的监守自盗,在人赃俱获的情况下,李治就是脾气再好,也忍不住了,直接在报告上批示:杀!

没想到,报告一公示,谏议大夫萧钧就出来唱反调。他对李治说,虽然卢文操犯了法,但大唐法律规定,这样的罪行

传承图

《唐帝国的香气》赠品
江苏凤凰文艺出版社
2025 年 8 月出版

⑤ 唐睿宗
李旦（高宗第八子）
662—716
684—690（首次，6 年）
武则天摄政，被迫禅位

⑥ 武周皇帝
武则天（高宗皇后/中宗、睿宗生母）
624—705
690—705（15 年）
改国号为"周"

⑦ 唐中宗（复辟）
李显（武则天第三子）
656—710
705—710（5 年）
通过"神龙政变"复位，后被韦后毒杀

⑧

唐殇帝
李重茂（中宗第四子）
695—714
710（17 天）
韦后拥立，后被废

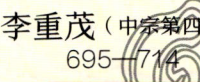

⑨

⑩

⑪

⑫

唐代宗
李豫（肃宗长子）
726—779
762—779（17年）
平定安史之乱

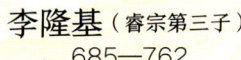

唐肃宗
李亨（玄宗第三子）
711—762
756—762（6年）
安史之乱时在灵武即位

唐玄宗
李隆基（睿宗第三子）
685—762
712—756（44年）
"开元盛世"，新的"天可汗"，
安史之乱时退位

唐睿宗（复辟）
李旦（中宗之弟）
662—716
710—712（2年）
以次和立专神龙

唐懿宗
李漼（cuǐ）（宣宗长子）
833—873
859—873（14年）
崇佛奢靡

唐僖宗
李儇（xuān）（懿宗第五子）
862—888
873—888（15年）
黄巢起义爆发

唐昭宗
李晔（yè）（懿宗第七子）
867—904
888—904（16年）
被朱温弑杀

唐哀帝
李柷（zhù）（昭宗第九子）
892—908
904—907（3年）
退位后被朱温毒死

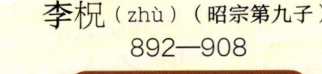

皇帝，享国289年（618—907）

不能判死刑,只能依法充军或者流放。在萧钧的提醒下,李治觉得不能因为自己的批示而违反大唐的法律,就收回了成命。这种直接打皇帝脸的意见,而且还是在皇帝占理的情况下,李治都能接受,可见,他的胸怀还是很大的。

老百姓对于皇帝的印象是好是坏,主要看皇帝是否有爱民之心。李治当皇帝的头几年,各地自然灾害不断。自然灾害给各地老百姓的生活造成了很大的影响,而李治没有当一个三不管的皇帝,他下诏让各地政府对灾民进行救助。为了表明事态的严重性,他甚至把发生自然灾害的原因算到自己头上。这种勇于承担责任的做法,在历朝皇帝当中,的确是少见的。

公元656年,有大臣给李治打报告,说前一年各地遭灾,粮食减产,老百姓只能吃糠度日。看到这份报告,李治心里受到了强烈的震撼,立刻下令削减自己的伙食标准。其实,大唐国力处于上升时期,作为皇帝,根本没必要降低自己的伙食标准。但李治还是这么做了,说明他的确是一个对民众充满爱心的皇帝。

在处理政事上,刚当上皇帝的李治也显示出了不一般的政治智慧。有一次,负责监察大臣的官员韦思廉上书,弹劾当朝宰相、托孤大臣褚遂良,说他利用职权,便宜购买了属下出让的私人土地。李治把报告批给大理寺少卿张睿册,让他去查实和处理。

张睿册自然知道褚遂良和李治之间的关系,在对举报材料进行分析和走访当事人后,张睿册向皇帝和大臣汇报了调查和处理结果,说这件交易完全合理合法。但是韦思廉却不买账,他不仅反对这个调查结果,还把张睿册也当成弹劾对象,说他这样处理,是想讨好皇帝和宰相。

宰相买属下的私人土地,想证明没有猫腻,几乎是不可能的。但在没有确切证据的情况下,李治想维护褚遂良的面子,也完全是有理由的。但李治没有徇私,而是站在了韦思廉一边,对褚遂良和张睿册进行了处理。把褚遂良降为同州刺史,把张睿册贬为循州刺史。

虽然李治把宰相和大理寺少卿都赶出了朝廷,但褚遂良毕竟是朝廷的顶梁柱,李治很难离开他。所以在处置褚遂良时,只把他贬往离长安很近的同州,随时都可以让他回来,而张睿册就很倒霉了,直接被赶到了广东,这在当时的大唐,属于偏远地方。这种处理结果,显示了李治老到的政治手腕,既能整肃朝廷官员的风气,也能让褚遂良继续发挥他的才能。

在对待皇室宗亲方面,李治同样能坚持原则,没有丝毫的纵容和包庇。李家皇室里面喜欢胡闹敢于胡闹的人物从李渊当皇帝时就有了,即使遇到李世民那样的英武皇帝,一样有胡闹的人闹出难以收场的丑剧。

对待宗室的胡闹,李治处置的手段也是不讲情面的。他亲自给表现不好的宗室人物写评语,并且把充满讽刺挖苦的评语直接公布于众,让天下人都知道宗室人物的荒唐。这种直接打脸的处置方法,让皇室里的那些荒唐王爷收敛了不少。

在李治当政的前期,大唐从各个方面都延续了贞观之治的强盛,一个最直接的表现就是人口增加了。可惜好景不长,平静的永徽之治,马上就开始出现问题了。

第二节 一个不同寻常的女人

作为皇帝的最大诱惑之处,就是有数不尽的美女可以享用。但李治在美女的喜好方面,却有些出格,他喜欢的美女不是别人,是自己父亲李世民的嫔妃——武则天。

武则天的家世也不简单,属于开国元勋级别的,他的父亲和李渊一起打天下,并且在财政上为李渊起兵提供了巨大的帮助。所以,李渊革命成功后,武则天的父亲也成为国公级别的高级干部。

虽然武则天家世显赫,但武则天却并没有享受到家庭的幸福。因为她的母亲是她父亲的小夫人,父亲去世后,所有的家产都被同父异母的哥哥霸占了。武则天只能和自己的母亲过着寄人篱下的生活,受尽了两位哥哥的欺负。

好在是贵勋子女,和皇帝挨得比较近,一个直接的好处就是可以和皇帝攀亲。武则天属于容貌出众的女人,在皇帝选妃时,很容易被皇帝看中。所以在公元637年,十四岁的武则天被选进宫,成为李世民的才人。

唐朝的宫廷制度里，才人属于品级较高的一档，享受正五品的待遇。可以说，武则天进宫时的起点比较高，属于顺风顺水的女人。当时，李世民正是三十八岁的盛年，按理说，武则天成为皇帝的妃子，应该可以生个一男半女。但奇怪的是，武则天和李世民却没有孩子。

皇帝的女人多，而且容貌都不差，所以没多久，李世民就对武则天没什么兴趣了，把她归入一大群不受宠爱的女人堆里。这对于怀揣梦想的武则天来说，是一次巨大的打击。

从武则天封为才人的那一年起，一直到李世民去世，武则天都属于默默无闻的人物，虽然史书上有记载说武则天曾在李世民面前显露如何驯服烈马的本事，但讲这个故事的恰恰是武则天本人，估计可信度不大。不过这个故事也恰恰说明了武则天的性格过于刚硬，不知道变通。李世民是英武天子，平日里只有他对别人刚硬，在后宫里，有这么一个女人，自然很难得到他的欢心了。所以武则天不受宠，也在情理之中。

武则天在当才人的日子里，不但没有得到皇帝的宠幸，还遭遇一场无妄之灾。晚年的李世民比较迷信，对自己开辟的大唐事业能持续多久，自然很关心。他为此特地征询了当时的头号算命大师李淳风。结果，李淳风给了他一个让他直冒冷汗的回答。李淳风说在李世民之后，将会出现一个女皇帝。而且这个女皇帝现在就在宫中，不超过三十年，就会君临天下，杀尽李氏子孙。

李世民当时就急了,忙问李淳风能不能把所有有嫌疑的女人都杀死?如果真这么做了,那武则天的历史也就到此为止了。但李淳风劝阻了李世民,说这都是上天安排好的,就算把所有有嫌疑的女人都杀了,上天还是会派另一个女人来完成这项伟业。李世民听了,只好作罢。

武则天逃过一劫,但并不等于她的日子好过。在接下来的日子里,武则天见到李世民的日子都很少。李世民精明一世,又受了预言影响,估计怎么看武则天都不顺眼,没找机会处置她,已经算是武家祖宗显灵了。细想起来,李世民当初打天下时,和武则天老爸一起奋斗过,而李世民又对功臣非常好,所以最后也就没去难为武则天。

皇帝的女人不受宠,自然将来的命运也不会好。好在武则天是一个不肯向命运低头的女人,既然不能靠别人来改变自己的命运,那就只能靠自己了。

武则天是一个敢于异想天开的女人,因为不受皇帝宠爱,于是就开始寻找能宠爱自己的目标人物。这一找,就找到了李治身上。

有思想,就要有行动,更何况此时李世民已经到了晚年,不仅身体有病,还喜欢追求长生不老,吃一些不靠谱的丹药,导致身体越来越差。如果不抓紧时间达到目的,李世民一死,那些不受宠爱的嫔妃,只会被打入冷宫或被赶到寺院里,孤苦地过完一生。

武则天可不想这样过下半辈子,所以她赶紧开始了勾引李治的行动。李世民病了,作为太子的李治,当然要来看望。而武则天表现得尤其勤快,只要李治进宫,武则天就立刻过来伺候太子。一来二去,给李治留下了很深的印象。

有时候人是很奇怪的,李治作为太子和未来的皇帝,缺什么都不会缺美丽的女人,但他却偏偏对比自己大好几岁的武则天产生了感情。就这样,在照顾李世民时,李治没能让李世民恢复健康,却让武则天恢复了对生活的希望。

爱上武则天后,李治少不了要对武则天许愿,说些将来要给她幸福之类的好话。但现在的问题是武则天属于李世民,和李治有着名义上的母子名分,李治这样做,可以说是大逆不道的。好在两人很能保密,不但瞒过了李世民,就连大臣们都不知道有这回事。

等到李世民去世后,所有后宫没有生育的女人,都被送到皇家寺院出家为尼,武则天也不例外。但她有李治的承诺在先,所以,她确信自己不会在庙里孤独太久。只要能见到李治,她还是能重新回到皇宫的。

第三节　向着目标飞奔

武则天出家当了尼姑,使得大家都忘记了她的存在。本来,皇帝的女人那么多,有谁会记得一个被送到庙里的女人?但有一个人却没有忘记。而对于武则天来说,天下人忘记自己都不要紧,只要这个人记得自己就行了,这个人就是新上台的皇帝李治。

李治当然没有忘记武则天。只是他毕竟是新皇帝,爱上的又是和自己有母子名分的女人,即使皇帝再怎样无法无天,这样的爱慕,也不能公开去做,只能找机会。

终于,机会来了。李治到皇家寺院为死去的父亲做周年纪念,毫无悬念地遇到了自己的情人武则天。作为熟女,武则天知道如何笼络住眼前的男人。她没有向李治诉苦,而是望着他哭泣。这一下,就让李治这个柔情天子的心全部融化了,想到武则天对自己的情谊,李治也流下了眼泪。

让皇帝流泪自然是一件非常轰动的大事,哪怕是匪夷所思的为情流泪。所以,这件事马上就传到了宫廷里,让李治的皇后知道了。

李治的皇后姓王,不仅是名门望族,还是李世民亲自选定的。李世民在临死前,还叮嘱褚遂良,让他好好保护皇后。王皇后此时虽然尊贵,但有一大短处,就是结婚几年了,还没有生育。这在皇帝家族里,可是不得了的大事。皇帝的女人那么多,皇后如果没有生育,那就随时有被别的女人替代的可能,而且还不会得到同情。此时,王皇后就面临着和已经给李治生了儿子的萧淑妃的竞争。

为了打击情敌,王皇后决定讨好李治,让他感激自己。于是在听说李治和武则天有旧情后,就想着把武则天拉到自己的阵营里来,共同对付萧淑妃。就这样,在王皇后的关照下,武则天还俗,重新回到皇宫,做了皇帝的女人。

虽然同样是皇帝的女人,但两个皇帝是父子关系,纵使大唐皇室在男女关系方面比较随便,尤其是皇帝的子女在感情上,一个比一个闹得出格,但李治毕竟是皇帝,这种事传出去,还是不好听的。好在这一次有皇后挡枪,所以大唐上下也没什么议论。

如果认为武则天仅仅只满足脱下了袈裟,能陪伴皇上,那就错了。武则天从自己的遭遇中早就领悟到只成为皇帝身边的女人,是难以保证自己长久安全的,更不要说富贵了。如果当不上皇后,那就谈不上保险。只是现在她的力量还比较弱小,必须跟王皇后在同一条战线上。

于是富有心计的武则天把王皇后当成自己的亲人,极力讨好她。而生在大家族的王皇后,被人捧惯了,以为别人说自己好,就真的是要巴结自己,对武则天也高看一眼,任她和皇帝在一起,只要能打击萧淑妃就可以了。

在王皇后的支持下,武则天很自然地就和李治腻在一起了,再加上李治本来就喜欢她,所以,武则天很快就成了最受皇帝宠爱的女人,而与此同时,萧淑妃也就被李治冷落了。没多久,武则天就被李治封为昭仪,这在后宫之中是很高的等级。

这个时候,王皇后才发现自己的算计出了问题。要知道,武则天在李世民那里,熬了十二年,才是个才人,现在和李治在一起还不到一年,就已经成了九嫔之首。这说明了什么?说明李治的确宠爱武则天,武则天在把皇帝从萧淑妃身边夺走的同时,并没有感恩戴德地送到王皇后身边,而是自己占有了皇帝的全部宠爱。

想到这里,王皇后真的生气了。于是,她又把武则天当成了敌人,重新接纳萧淑妃,两个曾经不共戴天的女人,又成了战友,开始图谋对付武则天。后宫开始接连上演女人的战争。

在这场后宫女人的战争中,李治的立场无疑是偏向武则天的。可以说,武则天要什么,李治就给什么。为了抬高自己的身份,武则天请求李治加封自己死去的父亲的官爵。这是违反大唐规定的请求。因为武则天的父亲虽然属于大唐第一代功臣,但功劳也没有大到在死了这么多年还能封官晋爵的地步。但李治还是特地为她开了口,把武则天的父亲塞进一大群地位高的功臣里面,统统加封为司徒。

李治的无原则迁就,更增加了武则天的气焰,她开始朝着皇后的位置进军了。

和武则天相比,王皇后除了出身高贵以外,政治经验可以说是零。在望族家庭里长大的王皇后,耍起心眼来,根本不是武则天的对手,即便皇帝能和她站在一起,她赢的希望也不大,现在,皇帝偏心了,她就更没有什么指望了。

但要立即扳倒王皇后,也是不可能的。虽然李治已经不再宠爱王皇后,但也不等于有了废黜皇后的想法。毕竟皇后是李世民给他选的,而且没什么过错,这样贸然废掉,大臣肯定不会同意。李治刚当皇帝不久,还不能在这种事上和大臣们对着干。

李治是这么想的,武则天却不这么想。在她看来,王皇后没有过错算什么?是人都会犯错,更不要说还有武则天这么个人精在这里,王皇后就是自身不会犯什么错,也要给她创造犯错误的条件,实在不行,就不是她的错说成她的错。难道这样还打不倒她吗?

于是一场震动宫廷的阴谋拉开了帷幕。只是谁也没有想到,这一个阴谋,不但把武则天送上了皇后的宝座,还搭进去几条人命,更是扳倒了好几个贞观年间的大臣。

第四节 皇后位置争夺战

一般来说,在帝制社会,带了皇字的东西都值钱,皇帝的位置是男人最奢望得到的,而女人,就是梦想着坐上皇后的位置了。武则天在李世民的身边是才人,她自己也不敢想能再进一步,至于当皇后,是连做梦都不会梦见的事。而在李治这里,是昭仪,位居嫔位,和皇后之间的距离并不大,这对于武则天来说,诱惑就挺大了。再加上她能把皇帝笼络在手里,自然就会想要朝这个女人一生中的最高职位去拼一把。

当前,挡在武则天前面的就是王皇后,对付没什么心眼的王皇后,武则天的手段绰绰有余。据《新唐书》和《资治通鉴》记载,武则天将自己女儿的突然死亡嫁祸给王皇后。这个罪名很可怕,一下就让李治相信了。因为深爱武则天和痛失爱女,李治决定,废了王皇后,立武则天为后。

李治和武则天开始了废后行动,但没想到的是,王皇后不是一个人在战斗,大多数朝廷大臣都站在了皇后这一边,和李治与武则天对抗。

第一个表示不能接受皇帝意见的是长孙无忌。他是开国元勋,又是皇帝的舅舅,于公于私,在这个问题上,他都有发言权。在长孙无忌看来,这个皇帝外甥的所作所为完全出人意料,让人感觉不可思议。那么多女人不喜欢,偏偏喜欢老爸的女人;喜欢就算了,这种事在深宫里,倒也能瞒过天下人,现在竟然还想要立为皇后。皇后是什么人?是母仪天下的女人,也就是要给天下女人当表率的,这样的人,岂是武则天可以当的?怎么说那也是老爸的小夫人!如果真的将她立为皇后,让大唐的老百姓怎么看待皇室?丢脸也不能这么丢啊。所以长孙无忌对着李治直摇头,那意思是想都不要想。

李治也知道要遂自己的心愿,就必须先过长孙无忌这一关。于是,他拉着武则天到舅舅家,送礼不说,还把长孙无忌的小夫人生的三个儿子都封了官。那意思是:你不就看武则天是我爸爸的小夫人不顺眼吗?我抬高你小夫人的地位,你该答应我了吧?没想到,长孙无忌还是不答应。

这下李治没办法了,只好先变通一下,专门为武则天设立一个名号,在皇后之下,又在其他妃子地位之上,这个名号只归她一人所有。但这个想法还不等长孙无忌表示反对,其他大臣就表示拒绝,理由是祖制不能违反。皇帝妃子的名号是固定的,不能随便增加。不然,待遇什么的都要重新议定,是个大工程。

李治在大臣面前失了面子,在武则天面前就更加抬不起头了,心里自然很恼火,而这也促使他和武则天更加齐心,一定要在这个问题上打赢。既然靠老臣靠不住,他们就只有找外援了。这个外援就是历史上头号小人之一的李义府。

说起李义府,知道的人都会想到一个和他有关的成语——笑里藏刀。如此坏透了的人,当时在大唐朝廷里,自然不会受到重用,尤其是执掌大权的长孙无忌特别讨厌他,打算把他赶出长安,下放到地方去当小官。李义府知道这个消息后,自然要想办法留在长安。他看到李治和武则天真的为如何得到皇后的位置而与长孙无忌等大臣产生隔阂,就知道自己的机会来了。他马上借机向李治上书,支持李治换皇后。

李治和武则天正为找不到同盟者而发愁,现在见天上掉下来一个援军,虽然地位低了点,但总比没有强。于是,马上打赏升官,一下子把不入流的李义府提到了能在朝廷上发表意见的位置,让他进入了宰相的行列。

榜样的力量是无穷的,有了李义府做示范,反对李治换皇后的大臣立刻被分化了,大家都从支持武则天当皇后的立场中看到了升官发财的希望,立刻有人跟着表态,一下子就把换皇后的局面给扭转了。

坚守原则的褚遂良见形势不妙,马上对长孙无忌说,那些大臣都靠不住,关键时刻还得靠自己。长孙无忌的权势更大,地位更高,不能轻易出手,所以,危险的事由他来做,他还表明自己的意见,哪怕是死,也不会退缩。

于是,褚遂良在朝廷上对李治说:"皇后不能换,实在要换,也不能立武则天为后。如果你真要立武则天,那就请你先把我开了吧。"这等于是在逼迫皇帝答应自己的意见。李治听了,直接命令侍卫把褚遂良轰出去。而躲在幕后的武则天也忍不住跳了出来,指着褚遂良的鼻子骂:"怎么不当堂打死这个老东西!"

幸亏长孙无忌出面死保,才算让褚遂良暂时平安。但李治和武则天的态度更让大臣们明白了皇帝的心意。虽然大家都不表态,但是大多数人都在观风向,只要支持李治的人一占上风,多数人都会跟风跑。

关键时刻,一个大臣反水了。这个大臣就是李勣。作为宰相中的一员,他的意见也很重要。本来,他也是在一旁看热闹。李治大概是没听到他发表意见,以为他是自己这边的,就去征询他的意见。李勣果然没站到老战友长孙无忌这一边,他说:"这是你皇帝自己家里的事,没必要征询我们的意见。"

这句话一说,等于给李治吃了一颗定心丸。是啊,换夫人是他自己的事,跟别人有什么相干?问大臣的意见是看得起他们,表示他很民主,不问也没什么不合适的。

于是，李治的胆子大了，直接抛开大臣，宣布立武则天为皇后。

公元655年农历十月，李治正式下诏书，废了王皇后，立武则天为皇后。为了掩人耳目，还特地在诏书里写明武则天虽然是李世民的妃子，但李世民活着的时候，就把武则天赐给李治了。这么一表白，算是扭扭捏捏地洗刷了自己乱伦的名声。

武则天从一个被先皇冷落的妃子，到被发配到寺院当尼姑，然后逆袭上位成为皇后，只用了五年的时间。她不仅如愿坐在了皇后的位置上，还收罗了一帮大臣，为自己将来实现更大的野心奠定了基础。

第五节 在孤寂中落幕的皇帝

李治作为皇帝，除了早期的永徽之治还有些闪光点之外，干得最具轰动效应的一件事就是和大臣作对，自己做主换皇后了。而换皇后这件事情干完后，李治却没有一心和武则天过恩爱的日子，而是偏偏又想起了自己的老情人，被打入冷宫的王皇后和萧淑妃。当他看到两人的处境时，又想着要把两人重新接回宫。

皇帝有这个心，皇后却不能答应，更何况武则天为了上位，已经是把王皇后和萧淑妃彻底得罪了，她怎么会让这两个女人有翻身的机会呢？于是武则天立刻将两人先打一百棍子，然后砍掉手足，泡在了酒缸里。

武则天如此残暴，不仅威慑了大臣，就连李治也吓坏了，从此成了一个怕夫人的货色。武则天上位后，首先就把当初反对自己当皇后的褚遂良赶出了朝廷，发配到清化，也就是今天的越南。赶走了褚遂良之后，剩下要对付的就是长孙无忌了。

要除掉长孙无忌自然不是那么容易的事情，但武则天想做的事，那就必须做到。她首先指使自己的心腹去找长孙无忌的短处，如果找不到，就诬陷。结果她的心腹没有让她失望，直接诬陷长孙无忌谋反。

虽然李治不怎么相信自己的舅舅会谋反，但诬告者有武则天做主，也就由不得他不信。到最后，李治不得不把长孙无忌贬到黔州。离开了朝廷的长孙无忌也就成了一个束手待毙的普通人，到黔州不到三个月，武则天派人假传圣旨，逼迫他自杀谢罪。办掉了长孙无忌后，武则天又指示要扩大审查面，把当初反对自己当皇后的大臣，全都网罗进长孙无忌的谋反案中，由李治下令，罢官的罢官，杀头的杀头。武则天不仅彻底报了仇，还空出了一批官员的位置，直接安插了自己的人。

由于这些大臣能上位，是武则天的功劳，所以他们大都只听从武则天的命令，对于李治这个正牌皇帝，倒不怎么放在眼里了。于是武则天开始在李治的背后，担负起皇帝的责任。

武则天有了权势,自然不会甘心做一个在深宫里享福的皇后,而是要亲自处理朝政,李治身体一直不好也给她提供了机会。

从个性上分析,武则天是一个要强的女人,谁要是挡了她的路,她会毫不犹豫地除掉。这种杀伐决断的狠气,能吓住大臣,却吓不住她的儿子。于是第一个表示对武则天看不惯的家人,就成了武则天的牺牲品。这个人就是武则天的亲生儿子——太子李弘。

作为未来的皇位继承人,又是自己的亲生儿子,武则天没理由敌视李弘,但李弘天生一颗仁慈心,导致他对武则天的许多做法看不惯,母子间的冲突就在所难免了。

有一次,李弘在宫里看到自己同父异母的两个姐姐,也就是萧淑妃和李治生的女儿,因为受萧淑妃的牵连,被武则天囚禁在深宫里二十多年,三十多岁了还没出嫁。李弘不忍心,就给李治上奏,请他赶紧把两位姐姐嫁人。

武则天得知后非常生气。从这件事后,母子间的隔阂越来越大。李弘病死后,当时人都传闻是武则天毒死的。

大儿子死后,二儿子李贤接任太子之位。武则天想老二应该服自己了吧。没想到,李贤比大哥有能耐,更加不满武则天的跋扈和凶狠。武则天气坏了,开始不断找碴儿训斥李贤,并明里暗里地警告他:如果你不听我的话,不让我好好掌权的话,你就是最大的不孝。不孝的后果是什么?那就自己去悟吧。

李贤当然知道被安上不孝的后果是什么。因为在皇家，什么都可能缺，就是不缺继承人，更何况自己后面还有两个弟弟。就在他不安时，有一个道士对武则天说："你的另外两个儿子从面相上看，要比太子有福气。"李贤一听这话，当然有气，对这个道士也就恨之入骨，母子间自然是难以好好相处了。

武则天见收服不了李贤，也不再抱幻想，直接派人诬陷李贤有谋反的嫌疑。但李治对自己的儿子要谋反并不当回事，大概是不相信，就把处置的事搁一边了。武则天却等不及，直接对李治说，太子谋反属实，皇上应该大义灭亲，决不可赦免他。看着怒气冲冲的夫人，李治害怕了，只好把李贤的太子废掉，赶到巴州去当老百姓。没多久，李贤就郁闷而死。

在处置儿子的问题上，武则天说一不二，也让大臣见识了她的厉害，知道这个女人不能得罪，于是都开始以武则天为主，反而将李治放到了一边。时间久了，李治成了门面，几乎没什么人把他当回事了。有一次，李治对武则天的心腹李义府说："你做事太不像话了，已经有大臣对我打报告，你要检点一些。"没想到李义府不买账，直接逼问李治："是谁告诉你的？"皇帝做到这个地步，也真是窝囊到底了。

李治就这样在皇帝的位置上混着，到了晚年，他的身体也越来越不好，甚至眼睛都失明了。这个状态下，朝廷事务的处理，就全部交给了武则天。而武则天也当仁不让地接过

授权，开始正儿八经地做起只有皇帝才有资格做的事，李治完全成了一个傀儡。

为了突出自己的地位，武则天做了许多前所未有的事情。公元666年，李治在泰山举行封禅仪式，她也跟在皇帝身后祭拜天地。这还不算，她还给自己改了称呼，不叫皇后了，改叫"天后"，这一切，都暴露了武则天的野心。

所有人都知道武则天的内心想干什么，却只有李治不明白，在他被疾病折磨的时候，没想到把皇位传给儿子，却想着让武则天处理国政。这种做法，自然遭到了大臣们的反对。

公元683年，李治终于闭上了眼睛。他这一死，就到了武则天表演的时刻了。

第六章

被女皇登基打断的大唐

第一节　闯关

　　武则天有君临天下的野心,但也不能在李治死后就大模大样地去当皇帝,在她面前,还横亘着几道关口。第一关,就是太子即位,该怎么处置?

　　接替李治即位的是李显,按照遗传学的观点,儿子的智商遗传母亲的多,但李显却只遗传了武则天的运气,却没遗传到她的智商。刚当上皇帝时,李显就有些忘乎所以。因为这皇帝的位置本来是说什么都轮不上他的,但他运气好,前面两个哥哥都死了,这样一看,皇位不是他的,也是他的了。于是他认为既然是天授,那就谁也夺不去了。在这种想法的驱使下,他开始胡作非为。

　　李显做的第一件事就是给自己的老丈人封官,他的老丈人本来是一个不入流的小官,这让李显觉得没面子,于是直接把他提升到刺史的位置上。没几天,他觉得刺史的官职还不能给自己长脸,就准备提升老丈人为宰相。这下,宰相裴炎不高兴了,说这样做不合规矩。李显见宰相不买账,立刻生气了,对裴炎咆哮道:"我就是把皇位给我老丈人,又能怎么样?"

　　李显忘记了他这个皇位是天授不假,但老天离他太远,保护不了他;他老妈武则天却离他很近,要整治他,真的很方便。果然,武则天一听他说出这话,就来气了。二话不说,调

集御林军就把皇宫包围了,然后让人把李显扯下皇位,直接就给罢免了。

这下,李显才知道现在天是老二,他妈才是老大。没办法,在当了一个月的皇帝后,就被贬到房州思过去了。从此,李显就在提心吊胆中过日子。

武则天废掉了李显,就扶自己最小的儿子李旦即位。李旦一看前面哥哥的榜样,知道自己这个皇帝只能是门面皇帝,于是,他很乖巧地把一切大权都交给武则天,自己什么事都不管。

武则天开始名正言顺地在朝廷上处理政务。她首先要做的就是培植自己的势力,尤其是武家的势力。毕竟,在皇位的诱惑面前,靠别人是靠不住的,只有靠自家人。在大封武家人后,武氏家族权势熏天,而李家皇族就成了武则天的眼中钉,只要抓到有什么错,就会加重处罚,使得李氏皇族的人都惶惶不可终日。

李氏皇族的人失意,跟着他们混的人,就更没好结果了。这就让一些人不服气,想着应该找机会把武则天赶下台,再把李家的人扶起来,大家才能扬眉吐气。当时,有这种想法的人还不少。其中,大唐功臣李勣的孙子徐敬业就是最有想法的一位。

公元684年,徐敬业在扬州和另外几个官场不得志的人骆宾王、魏思温碰面了,他们在发了一通牢骚后,决定起兵造反,推翻武则天的统治。这些人当中,徐敬业的名声最大,因为他世袭国公之位,而他的祖父又是大唐宰相和战神,号召力强。于是,大家都推徐敬业为首,希望借助他的号召力,召集对李家皇族有同情心的人,一起拥立被废掉的李显即位。

这几个人对当时形势的估计还是不错的,徐敬业挑头打出"反武复李"的旗号后,立刻就有十几万人赶来当兵。兵员有了,徐敬业又让骆宾王起草了历史上最著名的宣战书——《讨武曌檄》。在这篇充满战斗力的檄文中,骆宾王把武则天骂了个狗血淋头,又把徐敬业吹捧得战无不胜,仿佛要不了多久,就能实现灭武兴李的愿望了。

可是,事与愿违,徐敬业只是一个绣花枕头,根本就不能和他祖父相比。他在扬州起兵后,只想着保住胜利果实,没想到长安去和武则天较量。这种战略失误,一下子就让武则天调集大军,将徐敬业围在了扬州。

徐敬业兵势虽然浩大,但毕竟是以地方对抗中央,没坚持多久,就被武则天派来的兵马给收拾了。徐敬业兵败被杀,而那个写出最犀利檄文的骆宾王,却不知所踪。

敢跟武则天直接对抗的徐敬业被杀,明面上敢于反对武则天的人基本上就不存在了,但暗地里跟武则天较劲的人却还不少,为首的就是宰相裴炎。裴炎是李治托孤的重臣,很明显,他这个任务完成得不好,相反,在武则天废掉李显的时候,他还是赞成的。毕竟,要管好李显这样的昏君,也只有靠皇帝他妈了。

裴炎对于武则天行使皇帝的职权,还是不满的。他希望武则天做好母后的事情就可以了,至多在自己需要时,能出来帮帮忙。现在见武则天如此霸气,知道再不管管她,说不定她真的就要当皇帝了。于是他和武则天之间有了矛盾,就想着借武则天到洛阳的机会,发起兵谏,逼迫武则天交权。

武则天发起飙来,连儿子都遭殃,更何况对付与自己没有血缘关系的裴炎。于是在徐敬业起兵时,武则天发现裴炎有暗中协助的企图,立刻以此为借口,诛杀了裴炎,同时也诛杀和罢免了一批忠于李唐的大臣。

做完了这一切之后,武则天的威望起来了,因为所有敢于和她对着干的人,都成了她的刀下之鬼,试问还有谁不服?武则天在大堂之上,对着官员说:"你们要是不服,就来跟我较量较量;不然的话,就乖乖听我调遣。"

话说到这一步,也没什么人真的敢当出头鸟了。大家只有全部都依着武则天,她想怎么做就怎么做了。

第二节 武则天的王朝酷吏

武则天大权在握,并不等于她就能真的当皇帝。毕竟让女人当皇帝,这是历史上前所未有的事,武则天胆子再大,再有想象力,也不敢在一夜之间就挑下李唐的大旗,换上自己的旗号。因此,要实现这一愿望,她还要做一些准备工作。其中最重要的是她下令更换了一批官员。

皇帝的花轿虽然只能一个人坐,但抬轿子的人是绝不能少的,而且还必须有很多人来抬,否则这花轿随时都会被人踢翻。武则天经历过当皇后的曲折,知道这里面的艰辛,所以,她采取了许多措施让朝廷上下都是自己的人,这样,才能走上那个万人之上的位置。

因为目的性太强,所以武则天此时选人,不可能像李世民那样,选拔有才能的人上位,只有选择那些愿意为自己出力的人,才能让她得到自己的利益。于是一帮小人、酷吏就成为武则天的宠臣。公元690年农历九月初九,她顺利地把儿子李旦踢下了皇位,改唐为周,自己做了有史记载的中国第一位女皇帝。

武则天的周朝,其实只是换了招牌而已,政府内部设置,都延续着大唐的结构,甚至连自己是李家的媳妇这一点,她也没有回避。为了表示革新,她还在文字上进行改革,但不是废除旧文字,而是发明新文字。这种技术活,还是她自己亲力亲为,一口气颁布了自己发明的二十多个文字,作为标准文字使用。可惜她不是文字专家,所造的字奇形怪状不说,完全没有实用性。如果不看在她是皇帝的分上,估计没什么人使用。

对于武则天的周朝,历史上的评价并不低,唯一诟病的就是她的用人。为了压服大臣接受自己当皇帝的事实,武则天重用了一大批酷吏,由这些酷吏在全国编织成一道罗网,为自己当皇帝保驾护航。而这些酷吏也没有辜负武则天的期望,为她顺利继位执政,立下了汗马功劳。

为了能彻底解决掉自己政治上的反对派，武则天专门提倡了一种工作方式——告密，也就是打小报告。这种小报告不是只说说某人的坏话而已，而是直接把砍头的罪名往别人头上安。这样，许多对武则天当皇帝看不顺眼的人，都被一些小人以谋反的罪名告到了武则天那里。武则天的态度就是宁可信其有，不可信其无，只要觉得对方可能有这个心思，就一个处置方式——杀！然后对告密者进行奖励，起码是五品官起步。这样一来，告密风就开始大行其道了。

光有告密的手段还不能够解决问题，毕竟，人都是有嘴的，可以为自己辩护。武则天虽然为了自己的皇位蛮不讲理，但也不能不允许别人为自己辩护。为了达到坐实的目的，武则天就把审讯的事交给酷吏去做，目的就是取得口供，然后利用口供定罪，让被杀者心服口服。

武则天时代的酷吏数不胜数，但最著名的就是索元礼、来俊臣二人。索元礼是胡人，以告密起家，被武则天委派，专门负责审讯。这下，所有被戴上要谋反帽子的人就倒霉了。运气好的话，只涉及自己一人，运气不好，就会连累到家族所有的人，甚至家族以外的人也逃不掉。偏偏索元礼又是一个喜欢牵连无辜的官员，以抓到谋反的人多为政绩。于是，所有落到索元礼手上的人，只恨自己没有早死。在索元礼惨无人道的逼供下，把自己能想起的人全都拉近了谋反的圈子里。最后的下场就是一个——杀！

有了榜样，后来者的花样更是层出不穷。来俊臣就是这样一个在告密和残忍审讯方面的后起之秀。来俊臣家里很穷,他自己也是一个小偷,因为盗窃被抓要判刑。为了不坐牢,来俊臣想到了大周朝最能救命的法宝——告密。而且他的胆子大,不是告一些不着调的人或者一些官员,而是直接往武则天最想整治的大唐李姓皇族身上捅刀子。这让武则天觉得来俊臣是一个人才,不但免去了他的罪过,还提升他为六品御使,专门负责审讯有谋反嫌疑的人。

此时武则天刚登基,皇帝的宝座还不是很稳当,需要来俊臣这样的人为她扫清障碍。于是来俊臣充分发挥其残酷的本性,采取严打手段,把武则天认为对自己当皇帝有威胁的人,全部除掉。

来俊臣的手段残酷到了什么地步?当时的人,只要看见自己被送到来俊臣的办公地点的大门,就知道自己死期到了。而在来俊臣的淫威下,就是曾经的酷吏也闻风丧胆,乖乖认罪。

周兴也是武则天手下一个很能干的酷吏,死在他手下的冤魂也是数不胜数。但这样一个酷吏,也被人告密参与谋反。对付这样的人,武则天有的是办法,直接交给来俊臣审理。

但凡武则天交给来俊臣的案子,那就表示必须得到武则天想要的结果。因此来俊臣和周兴虽然是朋友,但他也知道这个时候救不了周兴了。同时因为周兴也是酷吏,一般的逼供手段,恐怕对他不起作用。于是来俊臣就想了一个办法,请周兴来喝酒。喝到高兴处,来俊臣摆出小弟的样子,向周兴请教说,自己现在有个犯人,骨头很硬,自己什么手段都用上了,他还是不招。不知道老兄有没有什么高招?周兴没有多想,就说,这很容易,直接弄一口大铜缸,在下面架上炭火,把大铜缸烧红了,把犯人丢进去,还怕他不招吗?来俊臣拍手说好。然后马上让人在面前架起炭火烧铜缸。等到缸烧红了,他才对周兴说:"对不起,有人告你谋反,现在,就请你进去吧。"周兴吓得大惊失色,立刻就招供了。

虽然武则天重用的这些酷吏为她清除了不少政敌,但这些酷吏的手段过于残忍,导致天怒人怨,最后没有一个有好下场。他们功能用尽后,全部被武则天以各种罪名处死,也算是罪有应得了。

第三节　值得称道的女皇

为了上位,武则天做了许多惨无人道的事,但作为一个皇帝,尤其是女皇帝,她的施政还是值得称道的,即使把她放在大唐诸多皇帝里面比较,她也是排在前列的。

历史上的改朝换代,夺取皇位,基本上都是在流血过程中完成的。武则天的第一任老公李世民就是一个反面教材。他弑兄杀弟逼父,所有人间最残忍的丑剧,他一人就占全了。与之相比,武则天的改朝换代则要平和许多。

在李治死后的六年时间里,武则天虽然把持大权,但并没有急于称帝当女皇,而是静下心来,把一切准备工作全都做好,待一切水到渠成后,才宣布改元。

为了当女皇,就必须制造舆论,而且这舆论还要和神道有关。大唐的国教是道教,还把老子奉为自己的祖先。为了给自己找到当女皇的依据,武则天就把佛教捧起来,让和尚们为自己寻找当女皇的证据。结果,和尚们不负重托,在浩如烟海的佛经里,找到一部《大云经》,里面有一句话是"即以女生,当王国土"。这下,武则天高兴了,觉得自己当皇帝真的有了凭据。

于是,武则天专门下诏,在全国大力推广《大云经》,全国的每座庙里,都必须收藏这部经书,同时,还派出宣讲团,向全国民众讲解《大云经》,为自己登基打造舆论,让全国人民也做好女人当皇帝的心理准备。另外,她还发动自己的亲信来了一场献祥瑞的活动。在全国各地找一些石头,然后在上面刻上女人主政之类的话,之后再被武则天当成国宝,供奉起来,让人观赏。老百姓哪里懂这些,看了这些东西,还真把武则天当成了真命天子。

等到全国民众对女人当皇帝有了一致的认识后,武则天才重新上演半推半就的戏码,在众人的拥戴下,当上了女皇帝。

皇帝的位置坐稳了,就需要进行理政了,这才是考验一个皇帝是否合格的重要环节。而武则天在这方面,也堪称德才兼备的好皇帝。

首先,从人口数量上看,在李治刚当皇帝时,大唐的户数是三百八十万户,到了武则天退位时,大唐的户数是六百一十五万户,相当于每年增加了四万四千户。要知道,当初李世民为了能让人口增加,可是向突厥人要求放还被抢去的人口。而武则天不费什么口舌,就实现了人口数量增长。可想而知,她一边要花心思应付反对女人掌权的当权派,又要操心人口增长这些大事,没一点能耐,还真是玩不转的。

武则天当政期间的户口增加数,在整个大唐的历史中排在第二位,仅次于她的孙子李隆基当政期间的户口数,而李隆基是在武则天执政创下的基础上有所发展的,比武则天的起点高多了。这也说明,女人当皇帝,是不输给男人的。

人口增长,只是判断武则天业绩的一个方面,在发展经济方面,武则天交出的答卷,同样能让人竖大拇指。在武则天治下,长安、洛阳、扬州和广州是当时首屈一指的大都市,城市与城市之间的商贸往来非常发达。连接东西交通的淮河和运河河面上,满载着各种商品的船只来往不绝。如果武则天当政时弄得民不聊生,治安肯定混乱,哪里能做到货畅其流呢?

中国自古就是个农业社会,农业社会最怕天灾,所以在丰年时,就必须做好粮食储备工作。如果稍有差错,一旦灾年出现,粮食供应不足,饥民造反,那是能把王朝一举推翻的。而武则天时期,在全国各地修建了上百个储粮仓库,每个仓库储藏的粮食达到了五十万斤。算下来,全国的储粮就达到了上亿斤。

武则天在上位时,虽然重用了一帮酷吏为自己扫除障碍,但她极有分寸,重用酷吏是给自己当打手,绝对不让他们处理与民生有关的政务。而谈到用人,武则天也不输给开创了贞观之治的李世民。

李世民最大的长处是善于纳谏,而武则天在这方面也表现得极有胸怀,尤其在她政权稳固后,不再需要杀反对者立威了,对大臣也就更加宽厚,能听取他们提出的各种意见。武则天好佛,为了修建巨大的佛像,她决定发动天下的尼姑、和尚捐款。宰相狄仁杰听了,连忙劝阻,说这样会增加民众负担。武则天听了,虚心接受了意见。

如果说因为狄仁杰是宰相,武则天才给他几分面子的话,那么像陈子昂、周矩等人,官不大,提的意见都很有锋芒,恐怕就没办法活长久了。然而事实却不是这样的。虽然周矩曾直言武则天性情反复无常,大臣们有朝不保夕之感,但武则天并没有处罚他,反而虚心接纳陈子昂、周矩等人的意见。

到了武则天执政后期,敢于提意见的人越来越多,甚至有人直接提出武则天年纪大了,应该退位。这样狂妄的话,武则天也忍了。想想,如果是一个男人当皇帝,有大臣敢说这样的话吗?

正是因为武则天有帝王的胸怀,所以历史上对武则天称帝还是看成正统的。这在古代中国这样一个男尊女卑的封建国家里，可以说是一个奇迹。

第四节　喜之郎带给女皇的快乐

武则天虽然是女人，但却不是一般的女人，她是一个女皇，所以皇帝应该有的花边事，武则天也少不了，而正是这些花边事，让武则天成为一个毁誉参半的人物。

武则天权欲极强，当她利用手段夺得了皇帝的位置后，那种杀尽对手，站在权力高峰，一览众山小的快感，让她获得了极大的权欲满足。但是人的贪心是无止境的，当皇帝图的是什么？当然是在权欲满足之外的各种享受了。而这种享受，也包括生理享受。

作为一个帝王，也身为女人，武则天在生理上的需求和普通人是一样的，而身为帝王，也没有什么理由去压抑它。正是这种放纵的生理需要，让武则天情感泛滥，走上了不归路。

第一个成为武则天情人的男人是薛怀义，也叫冯小宝。从职业出身看，冯小宝是个街市上摆地摊的。虽然职业不崇高，但架不住他人长得帅，身体健壮，所以博得了许多吃饱了没事做的贵妇人的喜爱。

大唐是一个很开放的朝代，李唐皇室在生活作风上又和正统风气相差甚远，所以身体有优势的冯小宝立刻就和李家皇族的公主好上了，而李家公主为了讨好武则天，又把他当成宝贝给献了。就这样,冯小宝从街上摆摊的成了女皇的情人。

虽然武则天喜欢这个冯小宝,但身为帝王,和一个街头混混腻在一起,不是什么好听的事。所以武则天就给冯小宝改名叫薛怀义,还让他和自己的女婿合成一个家族,直接抬高了他的身价;同时还把他弄成一个有道行的和尚,弄到皇家寺院白马寺当住持。这样冯小宝再和武则天寻欢,也算不折女皇的面子了。

有了女皇当靠山,就是当和尚,也是个花和尚。冯小宝在白马寺胡作非为,连当朝的官员都不放在眼里。而那些官员也很知趣,争着来拍他的马屁。这就让冯小宝在京城里气焰嚣张,无人敢惹。

帝王都有喜新厌旧之心,武则天也不例外,和冯小宝腻在一起久了,也想换换口味。所以有那么一段时间,就冷落了冯小宝。不想,女皇的男宠吃起醋来,比皇帝的妃子厉害。冯小宝一怒之下,把当时正在修建的超级工程天堂寺庙给一把火烧了。

虽然情人干了件出格的事,但武则天表面上没计较,对于烧毁的明堂下令重修,还命令冯小宝当监工。但以武则天的性格,是不能让这件事就这么过去的。半个月后,冯小宝就被杀死了。关于他的死因,目前广为流传的一共有三种说法,但无论是被武攸宁暗杀,还是被太平公主暗杀,抑或是被武则天下令明杀,他的死都定然和武则天有关。

正如皇帝不缺女人一样,女皇也不缺男人。冯小宝被杀死不久,女皇身边就有了新欢,而且还不是一个,是两个,这就是张易之和张昌宗兄弟俩。

有了冯小宝那样的教训,武则天新纳的两位男宠在素质上就提高了很多。首先,从出身来看,二张兄弟出身很高贵,叔爷爷当过李治的宰相。出身官僚世家,张易之也不是如冯小宝那样在街上卖大力丸的市井小民,而是正经的国家官员,是从五品的尚乘奉御,也就是负责皇帝出行时的车马驾驭。而且这是一个与皇帝走得很近的官职,没一点能力,是不可能当上这个官的。虽然张易之的叔爷爷当过宰相,但他的父亲却是一个小得不能再小的官。所以张易之能依靠自己当上这样的官,应该不算是笨蛋,还是有点能力的。

二张不仅出身好,才情也不错,《全唐诗》里还收录了二人写的诗,虽然诗人在唐朝不算什么,但作品能被收入《全唐诗》,也说明两人还是有点文化底蕴的。正是因为容貌俏丽,有才情,所以武则天一见到张家兄弟,就立刻把他们当成了宝,喜欢得不得了。

张家兄弟受宠,自然就有拍马屁的人来捧场。武则天的女儿向武则天提议,把二张兄弟封王。武则天虽然年纪大了,但并不糊涂,她没有答应女儿这个荒唐的要求,只是把二张封为国公。

群臣一看,二张兄弟只是陪着女皇睡觉,就当上了从一品的国公,正说明这二人在女皇心中的地位不一般。于是就把二张当王爷伺候着,让二张兄弟当上了无冕之王。

有了这么多人拍马屁,二张兄弟飘飘然了,开始把自己当成人物,对朝廷一干大臣指手画脚地教训,把朝廷弄得乌烟瘴气。武则天自然不会追究小情人的错处,对来告状的大臣,基本上都是训斥,可谓极力袒护二张兄弟。

虽然有武则天袒护,但还是有不怕死的大臣敢于和张家兄弟对抗。日后开元年间的名臣宋璟就是一个。一次,他抓住了张昌宗的错处,就上纲上线,要求立案审查。而且在审查后,直接给出了审判意见——杀!

武则天虽然宠幸张家兄弟,但也不好驳大臣的面子,于是玩了一回心计,她先同意宋璟的判决,然后又马上下了一道赦书,免了张昌宗的罪,就这一手,让大臣们白高兴了一场。而二张兄弟也没有因此接受教训,武则天的做法为日后倒台埋下了祸根。

对于武则天宠幸男宠,正统的历史学家都持否定态度,但公正地看,武则天在这方面的所作所为,和历代帝王,哪怕是公认的优秀帝王相比,也没有太出格。只是因为她是女人,所以,承受的污名要多一些。

第五节 挡不住的衰老,抵不过的流年

武则天是一个长寿的人,在人均寿命只有五十岁的唐朝,武则天是一个货真价实的长寿者。她当皇帝时,就已经

是一个老态龙钟的老妇人了,但她依然把皇帝这个职位干得有声有色。看看中国历代有作为的皇帝,大都是青壮年出色,老年糊涂,甚至招致亡国。相比之下,武则天的确是帝王中的奇才。

但是,再伟大的帝王,依然扛不住衰老的来临。武则天也不可避免地一天天老去,虽然她还有精力,还能让一干大臣围着她转,但随着衰老日益临近,武则天也不得不开始考虑后事了。

帝王的后事是什么?当然是皇位传承了。这在其他帝王身上,不是太大的问题,直接传给自己的儿子就可以了。但在武则天这里,却是个麻烦。因为她开创了一个新朝代,是以武家为首的新朝。现在,要把皇位传给自己的儿子,那无疑又要把自己好不容易从李家夺到的天下,又还回去。这样一来,自己半生辛苦,不是白忙了吗?

武则天在天下到底是传给自己的儿子还是武姓后人上犹豫着,而其他人则开始忙碌起来。首先是武家人,觉得这天下不能还给李家,真要这样,武姓人就活到头了。于是,以武则天的侄子武承嗣和武三思最为活跃,极力要求武则天把皇位传给武家人。

从武则天的想法看,她一开始是想把天下传给武家人的,因此,她还特地营造一种武家人至上的气氛。在她以皇帝身份祭天时,让自己的侄子武承嗣和武三思排在自己的后面祭拜,这就等于宣告两人是自己的继承人了。

武承嗣想当皇太子，为了让武则天下决心，他指使一个叫王庆之的人纠集一帮人，给武则天上书，要求立武承嗣为太子。武则天接到上书后，特地把王庆之招到宫里，问了一个很傻的问题，说："你为什么要让我废掉我儿子的太子位置？"王庆之说："现在的天下是武家的天下，怎么能传给李家呢？"

听了这番话，武则天非常高兴，特地赏了王庆之一张通行证，让他以后有空就来宫里，和她多谈谈这方面的事。

得到通行证的王庆之很高兴，从此天天来宫里找武则天聊立谁当太子的事。但除了那一句外，又说不出别的道理来，弄得武则天烦了，就让宰相李昭德去教训他一顿。没想到李昭德是铁杆李唐派，立刻把王庆之拖出去，命令人往死里打王庆之，结果就把这家伙给打死了。

王庆之死了，武则天还是没有下决心立自己的儿子当太子。但此时，朝中大臣多数都主张立武则天的儿子当太子。他们认为天下本来就是大唐李家的，武则天掌权五十多年，当皇帝也快二十年了，皇帝的瘾也过足了，该把天下还给李家了，还是乖乖当李家的媳妇吧。这样多好，干吗非要传给侄儿，弄这么个不伦不类的武周呢？而且从稳定的角度看，传位给儿子，日后引发的震动最小，如果传给武姓人，只怕武则天一死，又会引起一番刀兵了。

这时，武则天最信赖的宰相狄仁杰起作用了。狄仁杰不但是武则天最信任的人,也是李唐家的拥护者。他拥护李显当太子,强烈反对武则天立自己的侄儿做继承人。但他也知道武则天是一个有主见的人,要想说服她,不能硬来,必须找好机会。

有一次,武则天和狄仁杰聊天,说着说着,就从公事扯到了私事上。武则天告诉狄仁杰,自己昨晚上做了一个梦,梦见自己下棋总是输。武则天不觉得自己是臭棋篓子,反而觉得有什么不祥的事要发生。

狄仁杰一听,立刻抓住了机会,他说,输棋就是失掉了棋子,棋子和"其子"是谐音,这意味着上天在警告不能失掉自己的儿子呀。

武则天听了,深有感触,觉得狄仁杰说的似乎有道理。

当然,仅凭一次忽悠,是不能让武则天爽快地改变主意的。没多久,武则天又让狄仁杰来解梦。这次是她梦见一只大鹦鹉的一对翅膀被折断了,这是什么意思?

狄仁杰脑筋转得快,马上说鹦鹉的鹉就代表着武则天,一对翅膀就是她的两个儿子,如果立侄儿当太子,那么她的两个儿子的命运,就会像鹦鹉的翅膀一样被折断。

武则天自然不想儿子死于非命,她不再有立自己的侄儿当太子的想法了。但狄仁杰还不罢休,担心武则天会反悔,又找到机会对武则天说,姑侄和母子的关系哪一个更亲密?如果把天下传给儿子,那么百年之后,牌位定然可以立在太庙里,接受后代的祭祀;如果传位给侄儿,又有谁听说过侄儿当了皇帝要给姑妈立庙呢?

武则天是一个迷信的人,想到真要是侄儿当了皇帝,太庙里立的牌位只会是侄儿的父母,自己的灵魂连个吃饭的地方都没有,那还不得挨饿几千年?想到这里,武则天终于下了决心,侄儿靠边站,她要传位给自己的儿子。

于是武则天下令,把被贬在房州的李显召回来,重新立为太子。可怜的李显在房州十几年,天天提心吊胆,就害怕母亲来杀他。只要听说京城有使者来,就急得要上吊。这次,京城的使者是来接他回去当太子,准备继承皇位的,他是怎么都不相信。毕竟,他就是被武则天从皇位上直接撵下来的,现在,皇位又还给自己了,真有这样的好事?

使者好歹把李显带回了京城,在武则天的主持下,李显又成了太子。武则天似乎也放下了一副重担,不再有烦心事了。回想自己这几十年的争斗,她似乎有些后悔。为了自己能上位,那么多无辜的人死于非命,如今,是该了结的时候了。于是,武则天下诏书,为过去几十年死在自己刀下的无辜的人平反,为当年被自己逼死的长孙无忌等人恢复了名誉和爵位,就连被自己残忍杀死的王皇后和萧淑妃,也得以昭雪。

几十年的流血争斗,真的让武则天厌倦了,为了不让悲剧重演,她召集自己的儿子和武家子弟,让他们发誓,并写下盟书,双方永不相害,让李家和武家永远做和睦且相亲相爱的一家人。

岁月流逝,壮年时代的雄心,已经被岁月带走,留给武则天的,只是一个衰老妇人的慈悲。

第七章

血腥換班

第一节 李唐复国

在武则天当政的最后几年里,她所操心的皇位继承人之事已经定下——交给儿子李显了。因此,她唯一能做的事就是享福,安享人生最后的岁月。

如果事态真这样发展的话,也算是皆大欢喜的局面。只是武则天太能活了,经历了那么多钩心斗角的脑力活动,她竟然没有一点心力交瘁的疲惫,再加上她为了两位小情人张氏兄弟,时不时地要违反一下原则,帮他们脱困,让大臣们感到很为难,生怕与她对抗时,惹她不高兴,丢了自己的前程事小,丢了命就不值得了。更让大臣们感到恐惧的是,张家兄弟并不安分,总是仗着武则天撑腰,在国家大事上与大臣唱反调。虽然武则天已经确立了继承人,二张却不怎么买账,总想利用武则天的威望,整治一下李显,让这位未来的皇帝关照自己,不然,说不定在武则天面前撒撒娇,就能把李显的太子位置给剥夺了。反正武则天是要立儿子的,但她不是只有一个儿子。

这样一来,大臣们都觉得受不了了,觉得按照目前这种形式,武则天不死,大家都要被她熬死。为了大家不死,最低限度就应该让武则天交权,由李显当皇帝,换一个人伺候,大家的日子也好过些。

带着这样的目的,宰相张柬之、敬晖、桓彦范等五人在一起商量,不能再让武则天坐在皇帝的位置上了,必须立刻改朝换代,扶持李显登基,恢复大唐旗号。

张柬之是这个计划的带头人,又是当朝宰相,资格也老,说出的话有人听。于是他就积极串联,纠集了一大帮对李唐忠心的大臣,又去联络了太子李显、相王李旦,还有武则天的女儿太平公主,武则天的宫廷侍卫官等人,大家决定,为了一个共同的目标——恢复大唐旗号,发动政变。

计划确定好之后,到日子就开始执行。开始的时候,一切顺利,但当大家来到李显的住处请他出来压阵的时候,李显却戾了,表示不敢造武则天的反,还请大家再想个好的办法去说服武则天。一群人知道这个时候,退后半步就是个死。武则天虽然老了,这几年杀的人不多,但对于谋反的,哪怕只有想法,都照砍不误,更何况现在大家都付诸行动了。

危急时刻,一群人也顾不得跟李显废话,拉着他直奔武则天的寝宫。一到门口,正好碰见了张家二兄弟。此时,众人也不跟他们多说什么,直接上前乱刀砍死二人,然后把警卫全部换成自己的人,彻底切断了武则天和外面的一切联系。

大局在握,众人知道政变成功了,后面的事就是说服武则天退位交权。刚才的行动充满了血腥味,现在已经是胜券在握,大家也有时间跟武则天磨。于是先让人向武则天通报,说张氏兄弟谋反,已经被太子带人杀了。然后由桓范直接对武则天说,请她退位,传位给太子,这样天下也就安定了。

武则天没想到自己会以这样的方式被赶下台,心里那个腻味劲就别提了,当皇帝不就是图个风光吗?但现在看起来,自己即位是风光的,但现在想风光地结束,怕是不可能了。眼前一大群人守在门口,如果自己不乖乖就范,他们虽然不会直接来杀死自己,但也会想到别的方法弄死自己。自己已经这么大年纪了,也显赫过了,就不必争眼前这一口闲气了吧。

于是天一亮,武则天就宣布退位,传位给太子李显,就是日后的中宗。李显即位的第二个月,就恢复了大唐国号,被武则天打断十五年的大唐,终于有惊无险地复国了。

有人欢喜有人愁,李显现在扬眉吐气了,但武则天就显得落寞了。退位后的武则天被软禁在深宫里,成了一位被打入冷宫的前皇帝。虽然衣食不缺,也有人照料,但这样的日子,对于强人武则天来说,是难以忍受的。终于在公元705年农历十一月,武则天去世了。

武则天临死前,留下了一道遗诏,宣布去帝号,不再称自己为皇帝,而是恢复李唐皇后的称号。想必在这最后一刻,她还是觉得家最温暖,应该重回当年深爱自己的丈夫的怀抱,重新做回李家的媳妇。只有这样,后世大唐的祖庙里,才有自己的一席之地。

公元706年,武则天的灵柩被运到长安安葬,和唐高宗李治合葬在一起。帝王墓葬,都是极其隆重的,尤其是墓前的石碑,是要写下帝王一生的丰功伟绩,让后人瞻仰的。但武则天却是一个例外,她的墓碑没有一个字。为什么?有人说这是武则天想把自己的功过是非留给后人评说。

关于无字碑的说法有很多,但不管怎样,公平地说,武则天做皇帝还是合格的,而在她死后,大唐并不安宁,接连的血雨腥风,使得大唐陷入了持续的动荡之中。

第二节 荒唐的皇帝

太子李显第二次即位时,已经四十多岁了。按道理说,这个年龄,是男人生命中最成熟的季节,更何况是皇帝。但是拥戴李显即位的人都没想到,他们冒险发难想博得自己平安的愿望恰恰是事与愿违。李显上台后,不但没有给政变主使者以平安富贵,反而直接送了他们的命。

李显第一次坐上皇帝宝座的时间很短,还没弄明白皇帝怎么当,就被武则天踢下了皇位,直接扔到房州去当庐陵王了。说起来是个王爷,其实比囚犯好不了多少,在精神折磨上,李显过得比囚犯还不如。原因就在于武则天对他不放心,时不时派人来检查,看他有没有怨言和图谋不轨的行为。

已经领教了老妈厉害的李显,算是彻底吓破了胆,只要听说京城派人来了,就以为是老妈要杀他,立刻就吓得要自杀。幸亏他的夫人韦氏是个有主见的人,每次都劝他说,既然你都决定要死了,那就见见京城的使者再死也不迟。好在每次李显的担心都是多余的,所以才没有死成。

但在这样的环境下过日子,精神正常的人,都要被折磨得不正常,更何况李显本来就是个荒唐人,想恢复正常,那就更不可能了。唯一能让他感激的,就是每次都把他从死亡线上拉回来的韦氏。因此李显对夫人发誓说,这辈子如果我能再当皇帝,一定让你随心所欲。

李显和韦氏当时应该是把这句话当安慰,毕竟被废掉的皇帝能重新回炉当皇帝的可能性极小,更何况李显又不是独生子,就算武则天要立儿子当皇帝,大概也轮不到已经当过一次的李显了。

但天上有时偏偏会掉馅饼,而且还能砸到李显头上。武则天听从狄仁杰的劝告,又把李显从房州接回来当皇位继承人,一下子就让李显翻身了。再后来,李显当了皇帝,就要开始兑现对自己夫人的誓言了。

在房州过了十几年苦日子的李显夫妇,面对突如其来的天大富贵,有些不适应,韦氏更是不知道李显说的那句让自己为所欲为的誓言应该怎样才算兑现。既然不知道,那就索性为所欲为地探索吧。这一探索就有点过了,直接让李显除了头上戴皇冠以外,还戴上了象征男人耻辱的绿帽子。

一般来说,皇帝有权享用别人的女人,而给皇帝戴绿帽子的人,应该是脑容量不足。但在李显这里,却是一个例外。他似乎分不清什么是男人的尊严。

在李显的手下有一位女官,叫上官婉儿,以前是武则天的心腹,武则天死后,她又为李显服务,自然也就成了李显的小夫人。但上官婉儿是跟惯了强人的,自然看不上李显这样的窝囊废。所以在伺候李显的同时,也跟武则天的侄儿武三思在一起鬼混。

武三思在武则天被逼退位时,没有被清算,应该是很幸运的,但他并不老实,总想着恢复以前的荣光。于是就抱紧了李显的大腿,在取得李显信任的同时,还收了他的小夫人,这也足见李显糊涂到什么地步了。

这还不算,因为上官婉儿,武三思又和韦皇后勾搭上了,而韦皇后正琢磨着什么是为所欲为,大概认为像武则天那样拥有面首就应该属于为所欲为的范畴了。于是两人公然出双入对,俨然是夫妻。韦皇后不仅和武三思相好,而且还极力在李显面前说武三思的好话,让李显提拔武三思,逐渐掌握了朝中的大权。

如果说韦皇后和武三思在一起胡闹也还罢了,但她所拥有的情人数量竟然不断扩大。凡是她能看得上的男人,不管是为她服务的,还是朝中的大臣,全都被她收罗,成为她的面首。而李显也的确在兑现他的誓言,对韦皇后的荒淫行为,完全不闻不问。

有一个荒唐的皇后也就罢了,李显的女儿安乐公主也不是省油的灯。因为安乐公主是李显和韦皇后在贬往房州的路上生的,也算是跟着他们俩吃了很多苦。所以李显对安乐公主特别宠爱,由着她的性子来。而安乐公主也在这种宠爱的环境下,成为混世魔王,不仅生活糜烂,还卖官鬻爵,弄得朝廷上下乌烟瘴气。

虽然皇帝的位置上坐着的是李显,但他基本上什么事情都不做,只是一个执行力很优秀的皇帝,只要武三思、夫人和女儿有什么要求提出来,他立刻就去办理。皇帝出面,还有什么事情办不成的?因此,整个朝廷基本上就被韦皇后和安乐公主控制了。

如果韦皇后和安乐公主只满足当幕后老板,可能也没什么。毕竟从武则天时期起,大唐官员就适应了幕后实权人物操纵朝纲。但韦皇后和安乐公主的野心太大了,总觉得躲在幕后行使权力不自在,也想着像武则天那样,坐在皇帝的位置上出风头。

于是韦皇后行事处处模仿武则天,给自己家的祖先立庙,皇帝祭祀天地的时候,她跟在皇帝后面行礼,甚至还在李显身后垂帘听政,俨然就是武则天在世了。而安乐公主更出格,直接要李显把自己哥哥的太子之位废了,立自己当皇太女,好日后接李显的班,名正言顺地当皇帝。

朝纲乱到如此地步,李显却还如同没事人一般。

最终,一场流血的政变发生了。

第三节 荒唐政变与帝王的冷酷

政变发生的原因很简单,皇后和女儿都想当皇帝,但此时，李显的儿子李重俊已经是未来的储君了，皇后和安乐公主想当皇帝，就必须除掉李重俊。

从血缘关系上来说，李显和李重俊是亲父子，但韦皇后和李重俊却没什么血缘关系，因此，韦皇后要搬掉这块绊脚石，是没有一点心理障碍的。而为了能当皇太女，安乐公主眼里自然也没有什么兄妹之情。于是母女二人拉上武三思和上官婉儿，开始谋划如何除掉李重俊，自己上位。

上官婉儿是跟武则天一起混过的，多少比李重俊老到的大臣，都被两人玩死了，一个李重俊，自然不在他们眼里。上官婉儿利用自己帮着李显起草诏书的机会，有事无事就把李重俊给损一顿，还刻意表扬武三思及其儿子武崇训，让李重俊好好向人家学习。武三思的儿子武崇训得志就猖狂，仗着自己是安乐公主的老公，当着李重俊的面，就敢欺辱他，并且直接称呼太子为自己的奴才。

如此对待未来的皇帝，这群人的目的自然就是不想让太子活命。尤其是武崇训，多次对安乐公主说："赶紧让皇上把你立为皇太女。"

面对这样的欺凌，是人都忍不了。更何况太子是未来的皇帝，发起脾气来，可比一般人要厉害多了。李重俊觉得这样活下去，真是太窝囊了，既然你们不让我好过，那我就不让你们好活。他开始筹划如何把这些人除掉。

李重俊知道要除掉这些人依靠他的父皇是不行的，于是就自己率领御林军，直接冲到武三思家里，抓住武三思父子俩,把人给砍了。杀死二人后,太子知道父亲肯定会责备自己,再加上韦皇后和武三思之间的关系,自己多半也活不了。现在唯一的出路就是向祖爷爷李世民学习,也来一场宫廷政变,杀死韦皇后等人,再掌握大权,只有这样,才能换得自己的彻底安全。

想到这里,李重俊就忽悠大家说,接到皇帝的命令,要杀死韦皇后和安乐公主,以及上官婉儿,大家跟着一起冲。就这样,一群人喊着口号就往皇宫里杀来了。

皇宫里的李显听到外面的喊杀声,吓得立刻带着韦皇后和安乐公主以及上官婉儿跑到玄武门躲避,然后又派人去调集兵马来护驾。一通忙乱后,李显才看清来攻打皇宫的只有三百来人,而且还因为准备不足,没有攻打玄武门的武器,只在门外干着急。

这下李显有些得意了,只有这么几个人,就想学习李世民的做法,也太小瞧他这个皇帝了吧?于是李显站在玄武门最显眼处说:"你们都是我的卫士,为什么要造反?现在如果你们反悔,还来得及。赶紧把你们的首领给我抓住!"

外面正想着如何打开玄武门的士兵一听皇上说自己是造反,就明白自己被李重俊给骗了。他们现在亲耳听到皇帝说只要抓住为首的,就能立功,立刻反水,先杀指挥官,然后就去抓太子。

就这样,太子李重俊的图谋失败,自己也丢了性命。

更让人觉得不可思议的是,李显竟然把自己儿子的脑袋

砍下来,拿到太庙里去向祖宗汇报自己的平叛业绩,还把太子的脑袋放在武三思父子的灵柩前进行祭奠。最后,又拿到朝堂上示众,算是给一些不怎么服气的大臣一个警告。

李重俊死后,韦皇后和安乐公主并没有收敛。因为扳倒李重俊本来就在这对母女的计划之中,现在第一步计划已经实现了,母女俩要当皇帝的梦想越发炽热起来。

如今,母女俩成为皇帝的唯一障碍就是李显了。李显在位一天,母女俩当皇帝的梦想就不可能实现。毕竟还没什么人傻到愿意主动让出皇位。但韦皇后认为李显不是个事,关键在于李显背后的李氏家族。这些人已经被武则天抢过一次皇位了,自然不会再让这种悲剧重演一次。这些人就是李显的妹妹太平公主和他的弟弟相王李旦。

在韦皇后眼里,相王李旦不是什么刺头,倒是他的儿子李隆基有些不好惹,而真正让韦皇后感到难对付的还是太平公主。太平公主是武则天的女儿,武则天上位后,太平公主也掺和在里面,在朝廷里招揽了一批人,为自己当吹鼓手。这也说明,太平公主有把持朝政的野心。本来太平公主也曾央求过武则天把皇位传给自己,因为从能力方面看,太平公主要强过他的两位哥哥。只不过因为大臣主张立太子,所以太平公主才没有得逞。

韦皇后和李氏家族相互对立和提防,使得两派人马剑拔弩张,都想置对方于死地。从力量对比而言,韦皇后有一个皇帝老公,对于大臣有处置权,所以,追随韦皇后母女俩的人中大臣比较多，力量占据上风。韦皇后就想着先把李家兄妹赶出朝廷中枢，没有了政权庇护，再动手除掉两人，就易如反掌了。

借着清查太子谋反帮凶的借口，韦皇后出手了，她指使兵部尚书宗楚客，让他找个人向李显上奏，说相王李旦和太平公主都是太子造反的同谋者，应该把两人交付司法审理。

都知道李显想讨好夫人，但却没想到李显能讨好到这种程度，直接不把弟弟和妹妹的生命放在心上，谋反这种罪名，只要沾上，不管是谁都得死。因此，李显直接给御使中丞萧至忠打招呼说，你赶快把这案子审清楚，最后的结果要让皇后高兴。

什么样的结果才能让皇后高兴？当然是把李旦和太平公主弄成谋反案的同谋了。萧至忠是个正直的人，马上跪在地上，哭着对李显说，你是皇帝，富有四海，难道就容不下你的弟弟和妹妹了，就随便让人陷害他们吗？臣子的一席话，似乎打动了李显，想到当初自己和弟弟都受到母亲打压，觉得现在再给他安个罪名，的确不合适，就吩咐算了。

虽然李旦和太平公主暂时躲过了一劫，但是危机并没有结束，韦皇后为了当女皇，已经不顾一切要动手了。

第四节　死在夫人和女儿手上的皇帝

从当上皇帝的所作所为来看，李显绝对是一个昏君，他

在位期间,可以说没做一件值得夸耀的事。相反,他还把朝廷大权交给了自己的夫人,使得韦皇后成了事实上的皇帝。人的贪心都是无止境的,韦皇后不满足当幕后的皇帝,她想要像武则天那样,成为有名号的真皇帝。

虽然李显很糊涂,但那些大臣们不糊涂。他们不满意李显如此撒手不管事的做法,于是纷纷给皇帝提意见,要求他担负起做皇帝的责任,起码要让韦皇后不再继续胡闹下去。

公元 719 年,许州官员燕钦融给李显上书,直接指责韦皇后一干人干预朝政,和安乐公主等人组成团伙,这群人很危险,再不对他们进行钳制,大唐社稷就很危险了。

燕钦融的奏章不仅点了韦皇后的名,还把她同伙的名字都列了出来,并且言之凿凿地说韦皇后还和他人有奸情,秽乱宫廷,没有一点皇后的样子。李显当皇帝这几年,尽顾着玩乐,从没有见过这样的奏章。如果是一般内容的奏章,李显也就不管了,正是因为牵扯到夫人和女儿等一大群和自己有关的人,所以,他决定把燕钦融喊来,问问他说的事有没有证据。

韦皇后的亲信、兵部尚书宗楚客也在一旁,见燕钦融说得有理有据,知道不除掉他,麻烦就大了。等到李显咨询完毕,宗楚客就跟着燕钦融一起出来。走到大门口,宗楚客立即假传圣旨,对守卫皇宫的飞骑营卫士说,皇帝有令,要处死燕钦融。飞骑营的卫士马上抓住燕钦融,用力把他摔在旁边的石柱上。结果,燕钦融立刻就头颈折断而死。

杀死一个大臣,对于韦皇后集团的人来说,一向不算什么事。但他们没想到,一向纵容他们的李显,对于他们这次杀死燕钦融的行为非常不满,虽然表面上没说什么,但还是流露出很不高兴的样子。

总不对夫人生气的李显,这次有些生气了,而看惯了老公笑脸的韦皇后,猛然看见老公不高兴的脸,却更加不高兴。想着既然你看我不爽,那我就不用再看见你了。于是她和女儿合谋,决定除掉李显。就这样,在半个月后,母女俩以关心李显的名义,送给他很多馅饼。李显也没多想,夫人和女儿送的,那就多吃点吧。不想,这有毒的馅饼吃一个都会送命,更何况是多吃。李显当天晚上就死了。

李显死后,韦皇后并没有马上即位,而是立李显只有十六岁的儿子李重茂即位。李重茂只是一个傀儡,后面做主的是韦皇后。韦皇后之所以不敢立即称帝,是因为此时相王李旦和太平公主的影响力还很大,如果不除掉这两人,韦皇后是难以坐稳皇位的。

此时从力量对比看,韦皇后占据了绝对优势,韦氏家族的人基本上把朝廷的要害部门全都占据了,而且御林军飞骑营的好几个军官,都是韦皇后的侄子。可以说,韦皇后已经掌握了大唐的大部分政权,情形比当初武则天称帝时还要好。这样的条件下,还不能取得政权斗争的胜利,韦皇后都觉得太对不起自己了。

只是形势已经变了,武则天那样的女皇帝,注定几千年才能出一个,现在离武则天去世还不到十年,韦皇后就是再有雄心,也难以重演武则天称帝的故事。

就在韦皇后想着怎样除掉相王李旦和太平公主,扫清自己称帝的最后障碍时,韦皇后这边却出了一个意外。兵部侍郎崔日用因为担心韦皇后发动政变可能会连累自己,就赶紧把韦皇后要除掉李旦的消息告诉了李旦的儿子临淄王李隆基。

李隆基得知这个消息后,马上跑到太平公主的家里,和太平公主商议该怎么处理。两人都知道现在不能逃避,只能硬碰硬了。两人决定先下手为强,召集人马,杀韦皇后一个出其不意。

当天夜里,李隆基派遣自己的心腹,带人突然闯进飞骑营,杀死了韦皇后在军营担任军官的几个侄儿,然后带着飞骑营的士兵,朝皇宫杀去,目标当然是韦皇后。

韦皇后听到外面的喊杀声,知道大事不好,赶忙往飞骑营那里跑。她以为飞骑营是自己的侄儿当干部,那里一定很安全。只要到了那里,掌握了兵马,还是能扳回局面的。不想,此时飞骑营早就是李隆基的天下了。一个飞骑营士兵看见韦皇后,也不和她说话,直接上前一刀,砍下了她的脑袋。

冲到皇宫里的士兵们,没费什么力气就找到了正在寻欢作乐的安乐公主,当场杀死了她,然后又抓住上官婉儿,把她带到李隆基面前。上官婉儿还想请求李隆基饶她一命,不想,李隆基直接挥手,让手下杀死了这个美人。

当天夜里，长安城四门紧闭，飞骑营的士兵在城里漫天撒网，搜索韦氏家族的人。按照李隆基的命令，只要个子超过车辖辕，那就杀无赦。就这样，一直到天亮，这场血腥的屠杀才宣告结束，李隆基领导的政变，取得了完胜。

李隆基领导的这次政变，完全是在力量不如对方的情况下，冒险取得成功的。就在他布置政变时，他手下的一些人担心双方实力过于悬殊，纷纷劝他不要蛮干。而在李隆基下定决心后，还有亲信选择躲避。有人问李隆基，要不要把相王请出来压阵，李隆基知道力量悬殊，结果难以预料，就说不能通知相王，自己干，如果成功了，再把相王请出来坐镇，失败了，就自己承担责任，不连累相王。

等一切事情处理完毕后，李隆基才把父亲请出来，向他汇报政变成功，请他宽恕自己先斩后奏的行为。

当然，这只是一个姿态。获得彻底平安的李旦，除了夸奖，还能说出什么来呢？

第五节　政变没有停息

李隆基领导的政变成功后，自然不能再让韦皇后立的皇帝李重茂继续坐在皇帝的位置上，哪怕他是个傀儡都不行。于是，在太平公主的主导下，一场禅让的大戏又开始上演了。

在朝堂内，太平公主和李旦等人都已经就位，太平公主当着李重茂的面问李旦，现在皇帝要把皇位让给你这位叔叔,你愿意接吗?这当然是自说自话了,谁愿意把皇位送人呢?而李旦此时也不能表现得太高兴,只说这样做不好。在表示了几次为难和推脱后,大家觉得戏码差不多了,再演下去,观众都看不下去了。于是,一位官员就拿出事先写好的诏书,说皇帝已经写好了退位诏书,就请相王勉为其难接任吧。

这边表演得这么热闹,傀儡皇帝李重茂还不知道是怎么回事,也没有主动参与,就坐在那里看热闹。太平公主见这个侄儿皇帝还没有主动表示的意思,就直接走上前去,把他从皇位上给拽了下来,然后又和大家一起把李旦拥上了皇位,就是日后的睿宗。一场流血的政变,到现在才算画上了句号。

坐上皇帝位置的李旦,也是第二次当皇帝,看起来似乎一切风平浪静,李家的人应该安心过日子了,但是麻烦才刚开始。

首先要确立的是谁来当太子。这对于李旦来说,也是一个不好抉择的问题。他有六个儿子,在政变中立下大功的李隆基只是老三,按照礼制,太子的位置应该是嫡长子来继承,所以李旦应该立老大李成器为太子。但李隆基此时和当年的李世民一样,是有功于社稷的,如果没有他拼死一搏,李旦别说当皇帝了,李家这一干人能不能保住命都难说。

正是因为李隆基功劳太大,所以老大李成器很知趣,他对李旦说:"如果是在太平盛世,那么应该按照礼制的规定,立长不立幼,我可以当太子;但现在国家处于危难之中,那么就应该立有功的人当太子,而不应该讲礼制立长子。"李成器不仅是这样说的,也是这样做的。他一连几天哭泣着请李旦答应他的请求,并且说如果真要立自己当太子,那他只有死了。

李旦见自己的大儿子这么懂道理,就答应了他的要求,立李隆基为太子,也算解决了大唐建国以来一直困扰着皇帝的到底该什么人当太子的问题。

李隆基当了太子,皆大欢喜,但有一个人却不高兴了,这就是李隆基的姑姑太平公主。按理说,李隆基和太平公主还是盟友,在决定发动政变时,李隆基第一个找的就是姑姑,而不是父亲,两人之间的结盟,应该是牢不可破的。但是,皇位的诱惑太大了。在太平公主看来,自己的哥哥李旦那两把刷子完全不是自己的对手,自己完全有能力把他架空,最后由自己来掌权。但是,现在李隆基当了太子,日后就是皇帝了,自己再想掌权不大可能,更不要说再进一步,学母亲武则天那样当皇帝了。

就这样,盟军之间,开始有了裂痕,但表面上,还是很和睦的。李旦也很感激自己的妹妹在政变中出力,特地给了她很多赏赐,不但封她的三个儿子为王,还实封她一万户,使她成为大唐历史上最有权势的公主。

但再大的赏赐也抵不上坐在皇帝的位置上。李旦的一片好心,没有得到妹妹的回报,相反,却激起了太平公主更大的野心。而李旦也对处理政务不感兴趣，把一切大事都交给太子李隆基和太平公主处理，这就使得太平公主的实力急剧膨胀。

朝廷的官员见太平公主得到了李旦的宠幸，立刻都来走太平公主的门路，再加上太平公主的确有笼络人的手腕，没多久，朝廷的大部分官员，包括宰相，都成了太平公主的心腹。

眼看着自己的势力越来越大，太平公主的野心也开始慢慢显露，她也想过一把皇帝瘾。但要实现这个梦想，就必须先除掉有能力的李隆基。于是，太平公主开始行动了。

首先，太平公主四处散播流言，说李隆基不是老大，不能当太子，想借用舆论的力量把李隆基扳倒。但李旦却制止了这些流言，还特地下诏书，说明为什么要立李隆基为太子。

太平公主见这一招不行，又发动宰相一起，劝李旦废掉李隆基的太子之位。但一些官员如宋璟却坚决反对这个提议，说李隆基有大功，不应该被废掉。宰相们都被他说服了，也就不对太平公主表示支持。

虽然两炮都没有打响，但太平公主却没有停止，她使出了最恶毒的一招，利用天上出现彗星的机会，让人对李旦说彗星出现了，意味着老天要让李隆基当皇帝。在太平公主看来，使出这一招，李旦为了保住皇位，一定会对李隆基采取行动。

李旦听了太平公主的话，确实对李隆基采取行动了，不过不是废掉他的太子之位，而是直接要把皇位让给他。这一下，太平公主是搬起石头砸了自己的脚，无论她怎么劝，李旦就是铁了心不当这个皇帝了，还对李隆基说，如果他是孝子，就赶紧接班。

就这样，李隆基众望所归地接了李旦的班，李旦当上了大唐第二任太上皇。

太平公主计划落空后，自然是不甘心，为了实现自己当皇帝的野心，她偷偷派人给李隆基的食物里放毒，想把李隆基毒死，然后自己再掌大权。

可惜李隆基不是李旦，他早已察觉太平公主的图谋，立刻进行了反击。他首先以皇帝的名义把太平公主安插在禁军内的首领调离军营，直接斩首。解决了武将，李隆基又派兵把和太平公主有勾结的宰相抓获，一并处死。

事情做完后，李隆基就全力对付太平公主，派兵捉拿。太平公主得知后，立刻跑进了终南山，在那里躲了三天，还是被李隆基的人找到了。李隆基此时不再对她讲什么姑侄情义和同盟军的友谊，直接下诏，将她赐死。

李隆基粉碎太平公主的政变后，大唐正式进入李隆基时代。

第八章

开元盛世大合唱

第一节 救时宰相

或许是李世民太过英武,而他的后世子孙难以继承他的基因,所以从李治起,都是怕夫人又软弱的皇帝。李治甚至还将皇位拱手送予了夫人,幸亏武则天把天下还给了李家,由李治的儿子接班。虽然李治的两个儿子接班当皇帝,又是回锅,但表现都让人失望,幸亏这两个儿子寿命不长,不然,李唐的天下说不定还真要丢掉了。

经过磨难的李唐王朝,终于迎来了一位有志向、有能力、有手段的接班人——李隆基,他不仅在关键时刻拯救了大唐江山,而且还把大唐带到了极盛的高峰。可以说,从帝王这份事业上看,李隆基交出了圆满的答卷。在中国所有帝王当中,他的功绩都应该排得上号。

身为帝王子孙,李隆基很小就显出一股帝王的霸气。在他七岁的时候,武则天已经上位,李氏家族已经全面遭到武氏家族的压制。只不过李隆基是武则天的孙子,祖孙情还在,所以还能享受皇亲待遇。一天,李隆基上朝,摆开了皇孙的排场。没想到到了大殿门口,遇到武则天的侄子武懿宗把门。他见李隆基这么个小屁孩摆这么大的排场,有些看不惯,觉得现在是武家天下,这个李家的小鬼神气什么?就走过去呵斥那些仪仗队的人员。

没想到,李隆基更是不买账,直接呵斥武懿宗说:"这是我家的朝堂,干你什么事?你凭什么呵斥我的随员?"在大殿上的武则天见自己的孙子这么有气势,非常高兴,对他也更加宠爱了。

小时候的李隆基就有帝王气势,现在他真的坐在了这个位置上,而且还握有实权。李家前面几个皇帝,都是光有皇帝名号,却没皇帝的权力,所以当皇帝也不被人待见。现在李隆基要向大家证明,李世民的后代不仅在发动事变上有遗传基因,在治国上,同样也有遗传基因。

要当出色的帝王,只靠帝王一人是不行的,需要有好的宰相辅佐。李世民当皇帝时,身边有一群宰相,一个赛一个出色,无论什么难题,宰相们在一起开个会,就能拿出有效的办法。现在,李隆基要治国,自然也需要宰相。而现成的宰相就是姚崇。

姚崇在武则天时期就出名了,而且他也是个铁杆的李唐派,所以,当李隆基询问他治国之策时,姚崇就把自己所想的策略一一道来。李隆基听了,觉得这人简直是太有才了,马上宣布,宰相就是他了。

李隆基要任命姚崇当宰相,要换别人,那肯定是高兴都来不及。但姚崇却没有马上接受任命,而是说:"你要我当你的宰相可以,但你要答应我十个条件,要是不答应,宰相你找别人干吧。"

李隆基想不到自己想任命个人当宰相还这么费力,于是就问姚崇,有什么条件?姚崇列出十个条件:宽仁施政,可乎？不贪图变功，可乎？宠臣犯法，一视同仁，可乎？宦官不得干政，可乎？租赋之外，不得滥赏，可乎？外戚不得担任宰相一类的高官，可乎？善待大臣，可乎？群臣可以直言进谏，可乎？停止修建道观寺庙，可乎？外戚不得干政？可乎？

这十个问题也是一直困扰历朝历代的大问题，尤其是皇帝好大喜功、赏罚不明和任人唯亲，都是国政混乱的根源。因此，姚崇提出这十个条件，就是要让自己获得行使行政的权力。不然自己在前面干事，总受到干扰，那就是累死也没有成效了。

姚崇的条件一摆出来，李隆基也干脆，马上就说没问题，就照他说的办。既然条件都答应了，现在应该答应做宰相了吧。

姚崇也干脆，马上答应做宰相一职。

于是姚崇就成为李隆基宰相班子里最重要的一员，可以说是第一宰相。

有了英明的帝王，再加上一个行政能力出色的强势宰相，治理国家就顺畅多了。姚崇也的确是一个实干家，一得到授权，马上就开始干事。

姚崇刚上任不久，山东等地就出现了蝗灾，姚崇马上下令各地捕杀蝗虫。但一些大臣却认为蝗虫是天灾，不能靠武力捕杀，而应该督促皇帝修行德政，这样上天就不会降下蝗虫了。

李隆基刚即位，想的就是如何让天下人看到自己的好德行,现在大臣这么说,他就想应该和姚崇商量商量,是不是照大臣的意思办。姚崇很干脆地回复说,这种小事,就不劳皇帝分心了,可以交给他来办,如果办不好,就直接撤职吧。

姚崇知道捕杀蝗虫不能停,和皇帝废话太多,只会耽误时间,所以就让皇帝走开。而李隆基想到自己对他的承诺,也就真的不干预他了。就这样,没多久,蝗虫就被捕杀完了,避免了一次大的灾害出现。

有了这一次合作,李隆基知趣多了,以后凡是认为宰相该管的事,李隆基绝不掺和,让姚崇按自己的意愿行事。但姚崇是个聪明人,知道什么事自己该独自决断,什么事要和皇帝商量,不然稍有越线,就该自己倒霉了。所以在一次任命政府官员时,姚崇把名单开列好,拿去找李隆基看,问他有没有什么意见。如果有,赶紧提出来,自己好改正。

没想到,李隆基没有理这个茬,连名单都不看就走了。姚崇等了好久,都没见回信,也不知道李隆基是答应还是不答应,就去问太监高力士。高力士说:"皇上说了,任命这些官员是你宰相的事,既然你是宰相,就直接去做吧。"

姚崇这才明白是怎么回事,不由得对李隆基充满了感激。

就这样,在姚崇这样能干的宰相的辅佐下,李隆基打下了盛世的第一个基础。

第二节 能干的宰相群

如同李世民有一群能干的宰相一样,李隆基的运气也不错,他也把一群能干的宰相聚集在自己身边。姚崇之后,又一个能干的宋璟接替了宰相职位。

宋璟早在武则天时期就很出名,而且为了干事,连武则天都敢顶。这样的人遇到李显这样的昏君,自然是发挥不了作用的。所以在太平公主与李隆基争权时,宋璟就被贬出了朝廷,到外地当官去了。

等到李隆基上位后,马上派宦官去征召宋璟回来。一路上,宋璟没有和征召他的宦官说一句话。这让宦官很郁闷,回去告诉李隆基,宋璟一路上就是个哑巴,什么话也不说。但李隆基却认定这样的宋璟是自己需要的人。因为宋璟不与宦官交谈,是在恪守大臣不与内臣结交的准则。

宋璟当了宰相后,在各个方面都非常突出,尤其在赏罚和给皇帝提意见方面,让李隆基都有些敬畏。李隆基虽然觉得宋璟有些事办得不合自己的心意,但也没有难为他,而是放手让宋璟去做。

作为百官的首领,宋璟在用人方面不求全责备,而是尽量用人所长。如他在向李隆基推荐两位地方官员时,说括州的司马李邕、仪州的司马郑勉都是有才干和文采的人,但是都喜欢一些稀奇古怪的事,喜欢惹是非,如果重用这两个人,那么以后就是个祸害；如果完全不用，那又可惜了两人的才干，所以这两人可以委派到偏远的地方当刺史。李隆基批准了他的建议，而这两人在地方上，果然发挥了很好的作用。

历朝历代都有一些隐士，这些人的名头很响，有些隐士是真心不想当官，但有些隐士则是借隐居抬高身价。一位叫范知睿的隐士很有才气，为了巴结宋璟，特地写了一篇《良宰论》赞颂宋璟，然后让人给他看，想着宋璟要是高兴了，就能请他出来当官了。没想到宋璟一看通篇的赞美之辞，说这种拍马屁的文章，只是辞藻华丽而已，没什么意思，隐士如果想指出朝政得失，应该直言不讳地指出来，如果是想显示文笔好，就去参加科举考试好了。

宋璟当宰相的时间不长，四年后，宋璟就辞去了宰相的职位，应该是宋璟知道自己的性格太耿直，这样的人，可以讨得皇帝一时欢喜，干久了，只怕要和皇帝起冲突。虽然不在其位，但他的威望还在，李隆基依然有事就向他征询意见，曾多次当着众人的面对他说："你是我所依赖的治国重臣和元老，别人比不上。"

不在宰相的位置上了，宋璟也没改变其性情，而且不在其位，顾虑也少了。所以只要李隆基有所垂询，宋璟依然是知无不言，言无不尽，让开元时代的清明政治，继续发展下去。

在姚崇、宋璟之后，大唐贤相没有断档，而其中最值得说道的就是开元盛世最后的守门人张九龄。

张九龄是进士出身，是岭南人，这个地方的人一直被中原地区的人瞧不上，属于没相貌、没文化的群体。但张九龄却打破了人们对岭南人的偏见，说到文化，他小时就有神童的名号，他的一首"海上生明月，天涯共此时"，让他在光耀的大唐诗坛上，留下了自己的名字。而他的治国才能更加显赫，让他成为大唐宰相明星中的一员。

在担任中央政府官员时，张九龄和当时的宰相张说的关系很好。虽然张说也是个难得的宰相，但他的气度不足，所以，张九龄时常提醒他哪些事是宰相能做的，哪些事是宰相不能做的。当张说听他的意见时，所办的事就能得到李隆基和大臣的称赞，当张说不听从他的意见时，所办的事就会出毛病。这让张说十分佩服他，认为张九龄日后也是一个称职的宰相。于是，张说去世前，特地向李隆基推荐张九龄继任自己的宰相位置。

对于张九龄，李隆基也知道一点他的事，为了考验他能否当宰相，李隆基就借用要给当时的属国渤海国下诏书的机会，让张九龄用汉语和渤海语两种文字起草诏书。这在当时是一个难题，因为大臣里几乎找不到会渤海语的人。没想到，张九龄却会。这下，李隆基高兴了，认为张九龄是个合适的宰相人选，下决心要起用他。但不巧的是，没多久，张九龄的母亲去世，按照规定，张九龄应该守孝三年。但李隆基等不及了，启用夺情的权力，让张九龄赶紧走马上任。

张九龄当宰相所面临的条件都不如前面的几位宰相，之

前大唐正蒸蒸日上，李隆基也很英明，而到了张九龄时代，李隆基的锐气已经被消磨，开始喜欢享受了，在用人方面也不大严谨，一些小人开始得到李隆基的重用，比如和张九龄搭班子的就是历史上有名的奸相李林甫。想想看，在这样的环境下，一个宰相要做出一番事业，该是多么难啊！

但张九龄就是张九龄，他有一双慧眼，一眼就能看出谁是忠臣，谁是小人。日后给大唐带来祸患的安禄山，此时正得到李隆基的喜欢。李隆基准备提拔重用他，却遭到了张九龄的反对。张九龄说这人以后一定会祸害大唐，绝对不能重用。不仅如此，张九龄还准备以军法治其罪，为大唐铲除祸害。可惜，李隆基正宠幸安禄山，说什么都不同意，结果酿成了大祸。

在担任宰相期间，张九龄是尽职尽责的，但他的尽职尽责，却不可避免地得罪了李隆基。此时的李隆基已经步入老年，对张九龄这样的宰相，不再像对姚崇、宋璟那样言听计从了。虽然张九龄能力强，但几年后，李隆基还是借故把他贬出了中央，到荆州去担任地方官。张九龄一走，开元盛世就走到了尽头。

第三节 新的天可汗

李世民是公认的天可汗，而到了武则天时期，因为他是女人，周边的少数民族政权对她就不怎么看得上眼了，只是那时大唐余威尚在,所以还没出什么乱子。在李隆基上台时,大唐经历了一系列非正常政权接替,国力受到了损伤,正需要养精蓄锐,所以,接连两位宰相姚崇、宋璟采取了限制边功,以和为重的国策。两位宰相对于有军功的将领都不提拔,目的就在于不给军人树立榜样。在这种情形下,李隆基虽然有重当天可汗的意图,但也难以展现出来。

但是李隆基毕竟是在流血的政变中杀出来的天子,不是他大伯和父亲那样的窝囊废。在李隆基的心里总想着应该让周边的那些属国认识一下自己,于是他做出了一个很特别,也很大胆的决定——把各属国留在长安当人质的王子全都放回去。

这个决定可以说是空前绝后的。因为历代中央王朝,对于自己的大臣都很提防,只要出去领兵打仗,就必须把家人留在皇帝身边当人质,更何况是对那些千里之外的属国。但李隆基却展示了一种自信。他通过这种行为,让大唐的属国自觉归顺大唐,而不是出于畏惧大唐的武力而归顺。同时这样做不仅能营造出一种自由和谐的气氛,还能减轻财政供养支出,可以说是一举两得。而在效果上,李隆基为大唐养精蓄锐赢得了近十年的时间。

当大唐完成了国力积蓄后,李隆基觉得是时候展示自己强悍的一面了。于是,军功重新被提起,并且放在了重要的位置上。李隆基宣布,以后凡是有重大的军事战功,一定要向太庙禀告。

在太庙进行禀告战功的仪式，可不是随便站在门口说上几句话，跳上一段舞就解决的，是有一整套礼仪制度的。李隆基就是要用这种形式向天下表明，李世民时代每战必胜的大唐又回来了。

皇帝有这样的心思，武将们自然也就知道，以后再和周边的政权打交道，就不再是以和为贵了，而是发现不听话，就直接用大刀招呼。就这样，大唐又进入了与周边政权武力对话的时代。在完全可以采用和平手段，用一道诏书就能解决问题时，李隆基却派出兵马压阵，不打一仗，就不收兵。而完全可以用小股部队解决的一些小纠纷，李隆基却派出大部队，不把对方打服，就不算完。

军事放在了大唐建设的首位，而此时大唐的军功也有很大的起色。突厥一直都是大唐的敌人，在李世民时代，突厥发生了分裂，分为东突厥和西突厥两部分，东突厥被李世民灭掉，西突厥向大唐称臣。

但东突厥在经过几十年的蛰伏后，力量又渐渐恢复了，到了李隆基时代，又成了大唐的劲敌。其首领默啜可汗为了突出自己在周边少数民族中的地位，向李隆基提出和亲，为自己的儿子求娶大唐的公主，而且必须是皇帝的公主。

李隆基哪里会买这个账，直接说要和亲可以，只能是宗室的女儿。默啜见自己不受待见，很生气，就率领兵马，向大唐边境发动进攻，想用武力炫耀自己是够格和李隆基当亲家的。李隆基正想找个刺头教训一下，马上派兵迎敌。结果一仗打下来,默啜失利,不但没能为儿子娶上媳妇,还导致众叛亲离,周边一些原来归属突厥的少数民族政权,都有了脱离突厥、重新归顺大唐的愿望。而默啜面对这种情形,应对更加失措,最后导致自己丢掉了性命。

面对一盘散沙的突厥,李隆基决定向突厥发起进攻,彻底消除这个隐患。他派大将王忠嗣领兵,一举灭掉了东突厥,算是彻底搬掉了心上的石头。

东突厥灭亡了,剩下的西突厥觉得自己终究是异族人,待在大唐这个国际大家庭里,始终是吃亏的。于是开始找机会脱离大唐,独立发展。

李隆基对西突厥的这种行为当然是不满意的,已经成为臣子了,就应该永远做臣子,想做就做,不想做就走,不把他这个皇帝当回事,那好日子也就到头了。于是李隆基给西突厥发出警告,让他们不要有这种脱离门户的心思。

西突厥见李隆基发了火,越发不敢在大唐混了。李隆基见对方死不开窍,也不再留面子,直接派高仙芝领军,去教训西突厥。西突厥首领连忙联合周边的国家,组织了对抗大唐的多国联军。结果高仙芝根本就没有把这支联军放在眼里,双方一交手,大唐军队一个冲锋,就解决了问题。多国联军不仅被打败,而且几个一把手,全都成了高仙芝军队的俘虏。

李隆基重视军功,不仅极大地实现了其开疆拓土的愿望,让周边各少数民族政权见识了新一代大唐皇帝的威风,还在大唐内兴起了一股从军热,无数文人投笔从戎,到军营

里建功立业。在博取军功的同时,还开创了大唐诗坛的边塞诗风,使得从军成为当时文人最向往的职业。

开元时代,李隆基治下的大唐,又重新树立了唐天子对周边少数民族的统治地位。

第四节 开元时期的经济成就

作为中国封建社会的顶峰,大唐在李隆基时代,各项制度已经成熟,直接体现了中国封建时代最强盛的力量。

在农业生产方面,大唐鼓励农民多耕地,而农民也不惜力气,扛着锄头到处开荒,几年下来,高山绝壑都被开垦成了良田。农业社会里,农田多了,自然粮食也就多了。直接的表现就是无论农民家里还是国家储粮的仓库,全都堆满了粮食,足够用上好几年,以至于有的仓库里的粮食都发霉了。

农业的发展,使得大唐的国力殷实,当时一斗米的价格只有十三钱,而在有的地方,一斗米的价格只有三钱。

有如此的农业成绩,和李隆基重视农业分不开。在武则天时代,因为她崇尚佛教,所以许多人都以出家当和尚、尼姑为时尚,还能获得国家资助土地、财产,更不用交税。于是,大量的劳动力都出家了,农业生产自然上不去。

李隆基接受姚崇的意见,直接把几万人的出家资格消除,号召人们不要当和尚、尼姑了,都回去种地吧。

处置完了和尚、尼姑,李隆基又颁布了官员考核制度,别的都放一边,农业成绩如何是提拔官员的第一标准。每次官员来长安汇报工作,李隆基考核的都是辖区内耕地数量增加了没有?收成增加了没有?如果都有增加,那么就升官;如果没有增加,那当官的日子就不长了。

由于官员的政绩考核和农业收成有关,因此,地方官员都把工作的重心放在农业上。李隆基时代,是农具发展的高峰,其中,曲辕犁的发明,使得农业生产效率提升了一大截,而且曲辕犁的使用,一直延续了上千年,是农业机械时代最后的守望工具。由此可见,李隆基时代农业的发达程度。

大唐官员对农具的重视还体现在专门设立了农具库,这个农具库是官办的,里面所储存的农具,专门用于官田耕作。为制造和使用农具设立专门的农具库,大唐是独一份。

农业社会耕种田地,离不开水利。毕竟只靠天收,难免在荒年时歉收。因此为了保证农业收成,李隆基下令政府大修水利。

兴修水利的工程由工部负责,工部派人对全国的河流、沟渠等进行登记,查明了大唐境内全部的水域总量,连有多少个泉眼都调查得一清二楚。水资源摸清楚后,就开始在全国大修水利工程。等到工程完工后,农业灌溉也有了保证。水利设施数量多,大唐的农业繁荣成为了可能。

有了前期的积累,大唐的商业在李隆基时代走向了繁荣。经济作物种植面积扩大,是商业发展的前提。而手工业技术的进步,又创造了大量物美价廉的商品。再加上城市规模大,商业店铺数不胜数,社会的各个层面,都充斥着商业活动。商业活动增加,又直接促进了城市的繁荣和城市数量的增加。

长安是当时首屈一指的国际大都市,长安商业的繁盛,也是世界第一。在长安,设有专门的东西二市,就是量身打造的商贸区。东市是货物的集散地,一般货物到长安后,就堆积在东市的数百个货架上,有专门的货行负责交易。管理东市的政府机构有两个,一个是负责市场经营秩序的,叫东市局;一个负责物价的,叫东平准局。西市是商业买卖的地方,也是长安最热闹的地方。

即使有东市和西市,也依然不能满足长安商业的需求。于是,李隆基又下令,营建南市和北市,才让商业活动得以正常进行。

长安商业发达,又靠近西域,所以吸引了成千上万的西域商人来长安从事商业活动。在长安随处可见波斯人、大食人、回鹘人、回纥人、突厥人,俨然就是一个国际大都会。这些外国人,在长安的生意都做得很大,一些经济实力雄厚的外国商人,在大唐的社会地位很高,甚至超过了普通的中国商人。为了做生意方便,这些外国大商人还会主动结交权贵,甚至还买官,成为大唐政府里的一员。

首都如此,地方城市也不遑多让。汴州,也就是今天的开封,是河南第一大城市,水陆交通发达使得汴州成为南北交通枢纽。商贸往来,都会在汴州中转。因此,汴州富足,天下闻名。

在李隆基时代,对外贸易也走上了一个新的台阶,从事对外贸易的城市除了广州外,还有福州。大唐的对外贸易,不仅让世界各国互通有无,还使得大唐吸收了外来文化,更让以日本为典型的落后民族,通过与大唐的贸易往来,领略了大唐文化风采,摆脱了落后,走进了文明行列。

李隆基时代的大唐政府,对于民间的海外贸易,有着明确的规定,除了金属、丝织品和奇珍异宝不能出口外,其余货物都属于自由贸易之列,不受政府管辖。

大唐重视外贸,不仅为了互通有无,还为了利用外贸进行战备物资储藏。名将王忠嗣在出任朔方节度使时,见到周边少数民族政权兵马强壮,难以对付,就想到利用对外贸易的方法来削弱对方。于是,他在边境增开马市,用高价收购良马。结果,周边邻邦的人争先恐后把好马送到王忠嗣手里。这样一来,双方的军事实力对比就发生了明显的变化,大唐再也不用忌惮少数民族的骑兵部队了。

作为对外贸易的重要城市,广州的外贸活动在李隆基时代,也走向了高峰。广州港口外,停满了来自世界各地的商船,各种异域风情的货物在广州随处可见。为了管理对外贸易,李隆基还专门设置了市舶使,由品级很高的中郎将出任。

成功的商业贸易,应该是国家、百姓和外商三方得利,而李隆基时期的商业贸易,就成功地实现了这个蓝图。

第五节　盛唐气象

开元盛世是大唐两百多年历史中最为人所称道的时代，如果贞观之治树立了盛世的榜样，那么开元盛世在各个方面都不亚于贞观年间，甚至在许多方面都超过了贞观年间，开启了盛唐气象。

贞观年间，李世民手下的武将，有许多都是少数民族出身。这些少数民族出身的大将，为大唐树立威风，立下了战功。但在李世民时代，这些少数民族出身的大将，都没有单独领兵作战，更没有出任一方诸侯，基本上都是跟随李世民出征。而李隆基则在任用少数民族将领方面，比李世民更有心胸和气度。他不但启用少数民族出身的将领，还让他们出任地方节度使，掌管兵权，等于把国家安危，交到了少数民族将领身上。

高仙芝是高句丽人，少年时就和父亲来到了安西一带。父子俩没有别的本事，只能当兵。结果这一当兵，就转了运，高仙芝父子俩都混出了名堂，成为大唐的将军。高仙芝二十岁时，就和老爸官阶一样，拿同样的工资了。到了开元年间，高仙芝已经官至安西副都护、四镇都知兵马使。

高仙芝能升官，不是没有缘故的。每次打仗，他都只带着三十几个人出战，还生怕敌人不认识自己，特地穿着非常显眼和华丽的衣服，那架势就是有本事冲我来。即使这样，高仙芝还是每战必胜。

开元年间,唐朝国力增强,军事实力也在增强,对周边一些不听话的邻邦不再以安抚为主,而是直接用武力教训。

在葱岭有两个国家,一个叫小勃律,一个叫大勃律。小勃律原来是唐的属国,后来背叛唐朝,归附吐蕃,觉得自己实力强了,就中断了对唐朝的朝贡。唐几任安西节度使都派兵讨伐,因地势险要,加之吐蕃进行援助,所以都没取得成功。

公元747年,唐玄宗下诏让高仙芝率军万人,征讨小勃律。高仙芝得令,率部从安西出发,一路西行,穿过东帕米尔,爬过海拔七千多米的青岭,经过二十多天的艰苦行军,到达了葱岭守捉。然后毫不停留,再次向西,沿兴都库什山北麓西行,又经二十多天到达播密水,经过一百多天的艰苦跋涉,高仙芝率军到达了达特勒满川。在这里经过短暂休整后,高仙芝兵分三路,会攻吐蕃在中亚的阵地连云堡,约定几天后在连云堡下会合。

当高仙芝率领的唐军进至婆勒川时,河水暴涨,无法渡河。唐军将领都认为此时要么后撤,要么驻扎下来,等河水退却再作打算,但高仙芝认为此时要一鼓作气打过去,不然,吐蕃援军赶来,唐军腹背受敌,就有全军覆没的危险。于是,他不顾众将反对,命兵士每人自备三天干粮,在清晨渡过了河水。吐蕃守军未料到唐军能突然至此,大为惊骇,结果,高仙芝大败吐蕃,缴获战马千余匹,衣资器甲数以万计。

高仙芝得胜后,下令全线追击,并在几天后就平定了小

勃律,光荣凯旋,被李隆基任命为四镇节度使,成为掌握军权的少数民族将领。而高仙芝也为大唐安危尽忠尽职,他从不把自己当外族人看待,超越了民族成分的忠诚,是贞观年间所缺乏的。

哥舒翰是被李隆基任用的又一名少数民族将领,他是突厥人。从历史上看,突厥可以说是大唐的强敌和世仇,作为一个在大唐境内生活的突厥人,能平安到老就不错了,更别提能做到节度使这一级别的高官。但哥舒翰却做到了,这不仅体现了他卓越的军事才能,也体现了李隆基的胸襟。

哥舒翰的父亲在安西做过副都护,母亲是于阗国的公主,算起来,他是一个富贵之家的二代公子哥。优渥的生活,让他年轻时碌碌无为,一直到四十多岁,还不知道自己该干什么。于是他就被家人派到长安去当人质,继续在那里享福。

因为是突厥人,相貌很好认,再加上哥舒翰个子高大,在一群吃闲饭的人质当中非常显眼。许多人因此而瞧不起他,经常取笑他没用。这让哥舒翰感到伤了自尊,于是他决定从军。哥舒翰似乎是一个天生的军人,一到军营,就显示出了不凡的才干,得到当时大将军王忠嗣的欣赏,并成为他的部将。

成为将军的哥舒翰,在战场上非常勇敢,在一次与吐蕃军队的交战中,哥舒翰骑着马,从高处往下冲,手里的长枪都折断了,他还是不停歇,直接冲进敌阵。这种不怕死的勇气,让吐蕃人吓破了胆,纷纷避让。等到战斗结束后,李隆基论功行赏,哥舒翰被任命为陇西副节度使。

李隆基在和周边邻国打过几仗后,不再满足当太平天子,一心想着要开疆拓土,扩大大唐疆域,哥舒翰就成了他最器重的领兵大将。公元749年,哥舒翰领兵攻打吐蕃坚守的石堡城。虽然石堡城坐落在悬崖上,易守难攻,但哥舒翰还是指挥唐军攻破了这个天险之地,让大唐在河湟一带拥有了一个战略要地,使得今后对吐蕃的战斗变得简单多了。大唐以此为契机,步步紧逼,收复了九曲全部部落。吐蕃东进的跳板被拆掉了,唐军在战场上占据了绝对的优势。哥舒翰由此更加受到李隆基的重用,拜特进、鸿胪员外卿,一个儿子成为五品官,赐物千匹,赐庄园一座,加摄御史大夫,又加封开府仪同三司,其权势远超汉人官吏。

公元754年,哥舒翰创建了神策军。不要小看这支军队,日后大唐的御林军就是神策军。可以说,在安史之乱后,大唐能延续下去,就是依靠了神策军。

作为异族人,哥舒翰和高仙芝都位居高官,曾经担负起挽救大唐的重任。这种信任,是中国历朝历代都少有的。李隆基创造的盛唐气象,不拘一格用人才,才成全了这段历史佳话。

第九章

盛世悲歌

第一节　嗜权如命的奸相

李林甫不是一般人,他是正宗的大唐宗室。按理说皇亲一般都不会被赋予行政职务,只会去享福。但李林甫却能够改变这一潜规则,成为大唐当政时间最长的宰相,可见其能力非同一般。

因为是皇亲,所以李林甫进入官场的起点不低,一直都在中央政府部门里混,属于那种可以和宰相一起议事,又可以和皇帝谈心的人。正是因为离宰相的位置太近,所以他有了想当宰相的想法。

有想法,就有行动。李林甫是一个搞阴谋的老手,他没有把想当宰相的心思挂在脸上,相反,他总是摆出一副谦逊的样子,表示自己能力不够,坐在现在这个位置就已经是高抬自己了,没想过要担任一把手。但事实上,李隆基想把谁塞进宰相班子,李林甫总是第一时间得到确切信息,然后赶着去祝贺,有意无意地让人知道能当上宰相,是自己的功劳。等到任命下来后,别人果然对他心存感激。这样李林甫在宰相班子里人缘很好,他们纷纷在李隆基面前夸他有才能,能担任宰相。

李林甫知道要当宰相不能光靠同僚推荐,而是要靠皇帝点头。皇帝身边的人对自己印象好,才能对李隆基施加影响。于是他利用职务之便,开始结交宫中的许多宦官和妃

子,让他们为自己提供有关李隆基的一些消息。在李林甫这样的有心人面前,李隆基没多久就成了一位透明人。因此只要和李隆基谈话,他都能说到李隆基的心坎上,并且做事也能符合皇帝的心意。

对于李林甫的心思,张九龄看得很清楚,他对李隆基说,真要任命李林甫当宰相,那将来大唐社稷就会有危险了。

此时,李隆基正处于盛世高潮中,对这样的话,当然觉得是危言耸听,甚至还觉得张九龄是嫉妒,所以,也没放在心上,照样宠幸李林甫。李林甫也没闲着,除了巴结皇帝外,又开始走夫人路线,巴结李隆基宠幸的贵妃武惠妃。

武惠妃是武则天侄子的女儿,武氏家族的地位下降了,武惠妃年轻的时候,只能在皇宫里当宫女。但地位低不等于命运低,没多久,貌美的武惠妃就被李隆基看上,由宫女成为贵妃,大受宠幸。

李林甫见武惠妃得宠,立刻依傍上去,无论大事小事,都为武惠妃效劳。武惠妃也有点武则天的遗传,知道要在宫廷里闹出点什么事来巩固自己的位置,就必须结交外臣,于是,也把李林甫当作自己的帮手,多次在李隆基面前说李林甫的好话,推荐他当宰相。

内外条件都具备了,李林甫终于在公元734年,被李隆基任命为礼部尚书、同中书门下三品,昂首踏入了宰相班子。

这个宰相班子里,张九龄为第一宰相,李林甫只相当于副宰相。虽然排位只差了一位,但在权势和影响上,却相差很多。对于一心想掌权的人来说,这个差距是致命的。因此,李林甫处心积虑地想把张九龄挤掉,自己当第一宰相。

张九龄性格耿直,遇到什么事情不对,连皇帝的面子都不给,多次和李隆基发生冲撞。一次,李隆基想把节度使牛仙客提拔为尚书,然后让他进入宰相班子。但牛仙客是武将,打仗可以,当宰相就差了。所以,张九龄坚决不同意。李林甫表面上赞同张九龄的意见,鼓励他和李隆基对着干,说只要张九龄在皇帝面前陈述理由,自己一定在一旁帮腔,说服李隆基不要任命牛仙客为尚书。听了李林甫的话,张九龄觉得自己班子里的人和自己是站在同一战壕的。于是在朝堂上,张九龄和李隆基据理力争,毫不让步,从大唐制度到牛仙客的能力等几个方面,列出了不能提拔的理由,顶得李隆基说不出话来。

张九龄和李隆基吵得不可开交,李林甫却似乎忘记了自己对张九龄的承诺,站在一旁不说话。等到张九龄把李隆基气得够呛时,李林甫才找机会,单独对李隆基说,用什么人当宰相,天子说了算就可以了,何必征求宰相的意见。

话不多,却在李隆基心里留下了同盟军的印象,而张九龄在皇帝心中的好感度则直线下降。没多久,张九龄被罢相,贬到了荆州,李林甫被任命为第一宰相。

如愿以偿的李林甫,终于成为一人之下万人之上的人物,为了保住自己的相位,李林甫对自己的宰相事业做了长久的规划,那就是禁止任何有能力的人威胁自己的位置。他上任的第一件事就是召集中层专门负责提意见的谏议大夫开会,宣布了一条纪律,以后不许提意见了。因为当今天子圣明,以后你们只管服从命令就可以了,没事不要乱说话。这样一来,就等于把官员的口封住了,也让李隆基无法了解外面的情况了。

除了压制言论,李林甫还把许多有能力担任宰相的人排挤掉。有一次,李隆基想重用兵部侍郎卢绚。李林甫知道了,就对卢绚的儿子说:"你老爸有能力,如今广州一带缺乏像你老爸这样的人,所以皇上打算派他去。但我想他年纪大了,还不如让他担任太子詹事这样的官,你觉得如何?"在当时,到广州去当官,就相当于发配,卢绚的儿子听了,连忙告诉卢绚,让卢绚主动提出调职。这样,李林甫就把他任命为太子詹事,从而把他划到了宰相班子之外。

就这样,李林甫采取两面派的手法,把一些有能力的宰相排挤出了宰相班子,只留下一些和他关系好的应声虫陪着他,朝廷大事最后全都由他处理。为了防止有能力的将帅因为军功而入阁拜相,李林甫又向李隆基建议,任用勇猛的胡人为将,理由是这些胡人出身低,在朝廷里形成不了什么势力。李隆基觉得有理,就开始重用安禄山这样的胡人当将领,为大唐最后的覆灭种下了祸乱的种子。

第二节　祸起萧墙

中国的王朝,再英明的皇帝,似乎也很容易陷入和女人的纠纷,李隆基也不例外。更奇特的是,在与女人的纠葛方面,他积聚了恩爱、世仇等所有能想到的元素,不仅演出了一场宫斗大戏,也拉开了大唐从盛世走向衰败的序幕。

李隆基本来有正牌皇后,姓王。王皇后在李隆基发动政变时,坚决站在他这一边,如同当年李世民发动玄武门政变时,长孙皇后支持李世民一样。王皇后的父兄二人,也一直在帮助李隆基,属于李隆基集团的核心人物。在武则天打压李唐家族时,连自己的儿子、李隆基的老爸李旦都不受待见,就更别说当孙子的李隆基了。

据说,有一年李隆基过生日,连吃碗生日面的钱都被克扣了。王皇后的父亲知道了,就把身上穿的紫色高官服装脱下来,送到当铺里,换了一斗面,拿给女婿吃。这种情谊,可以说是患难真情。

因此,李隆基一直对自己的夫人心存感激。但是,皇帝的心是善变的,再加上王皇后年纪大了,容貌自然比不上年轻的美女,所以,要永远讨李隆基的欢心,是不可能的。更致命的一点,就是王皇后不能生育。这样,李隆基就更有理由不喜欢她了。

等到武惠妃占据李隆基的心后,王皇后觉得自己的地位受到了威胁,就想办法挽回皇帝老公的心。在她看来,自己就是因为没有儿子,而武惠妃能生儿子,所以才能博得李隆基的宠幸。要是自己能生孩子,那一定能挽回局面。

于是王皇后为了能生儿子,想出了一个笨招,请了一些和尚做法事,找一块被雷劈了的树木,从里面破开,写上天地和未来儿子的名字,怕老天爷搞错了孩子的爹,又把李隆基的名字写上去。

心是好心,但一个女人要想挽回变心的皇帝的心,的确太难了。尤其采取这种迷信的方法,很容易让皇帝认为这是在咒自己,毕竟被雷劈过的东西在皇帝看来是很不吉利的。因此李隆基马上借题发挥,指出皇后失德,热衷巫蛊,已经没资格当皇后了。于是把王皇后废为庶人,打入冷宫,没多久,王皇后就死了。

皇后的位置空出来,必须有人填补,李隆基宠爱武惠妃,而武惠妃又给自己生了继承人,自然这个位置要给她坐了。李隆基就向大臣提出,要立武惠妃为皇后。

大臣们一听,都强烈反对,说皇帝那么多女人,要选个皇后有什么难的?怎么就偏偏选了武氏家族的女人呢?难道忘了李唐和武氏家族有不共戴天之仇吗?当年就是武则天夺了李唐的天下,差点把李氏家族的子孙杀光。幸亏皇上是武则天的亲孙子,换个身份,今天还能坐在这里当皇帝吗?今天,如果立武惠妃为皇后,就不担心历史会重演吗?再说了,这样做,让天下人怎么看待当今圣上?作为李唐子孙,为了女色,竟然连杀亲之仇都可以不管了,这也太不靠谱了!

由于大臣反对的情绪激烈,而且理由也正当,李隆基觉得这还真是个事,于是,就采纳了大臣的意见,不再立武惠妃为皇后。

虽然武惠妃没有得到皇后的称号,但她却享受到了皇后的待遇。李隆基知道要封武惠妃为皇后,阻力太大,所以,为了安抚自己女人受伤的心,就规定皇后什么待遇,武惠妃就什么待遇,就连对待武惠妃的礼节,都是照对待皇后的礼节实施。因此,武惠妃可以说不是皇后,也是皇后。

不仅如此,武惠妃去世后,李隆基还追封武惠妃为贞顺皇后,而大唐对死去的妃子追赠皇后称号的做法,就是从武惠妃开始的。可以说,武惠妃开启了大唐追封皇后的先例。

没有在生前成为皇后,武惠妃也不应该有什么遗憾了。因为大唐皇帝的女人在有生之年能成为皇后的,实在不多,掰着手指头算,大唐三百多年天下,只有六位皇帝册封过皇后,其他皇帝的皇后,都是在死后追封的。

武惠妃没有成为皇后,换别的女人,可能也就算了,毕竟在朝廷上下对武氏家族倍加提防的形势下,能当一个无名有实的皇后,也就不错了。但是武则天家族的人,心都比较大,都有一股不达目的不罢休的狠劲。武惠妃见自己这辈子是当不了皇后了,怎么办?只好退后一步,为自己的儿子谋上位吧。

都知道皇帝不可能只有一个女人,李隆基的王皇后没有

生育,也不能说他就没有儿子。女人的数量多,儿子的数目自然也不会少。李隆基所喜爱的女人中,就有一个赵丽妃,为他生了儿子。

赵丽妃是李隆基在宠爱武惠妃之前,最喜欢的一个女人。自然,也就爱屋及乌,喜欢了赵丽妃给自己生的儿子李瑛。其实,按照长幼秩序,李瑛在李隆基的十三个儿子当中,排在第二位,这是排序当中最没前途的位置。但由于李隆基宠爱赵丽妃,所以在选择太子人选时,毫不犹豫地选择了李瑛。

现在,武惠妃依仗自己得宠,理所当然地认为太子的座位应该归属自己的儿子才对。

第三节　骨肉相残

大唐从李世民开始,就陷入了骨肉相残的悲剧,并且在李世民后的每个皇帝身上,都一再重演这种血腥的悲剧。作为圣明天子,李隆基同样没有逃出这个怪圈,也上演了一出杀子的悲剧。

由于武惠妃得到了李隆基的专宠,在几年内,李隆基和武惠妃一共生了七个孩子,这让李隆基很高兴。但奇怪的是,两人生的孩子都没有好命,开始生的几个孩子,都在没有满周岁时,就得病死了。这在古代其实是很正常的事。但李隆基不这么想,他觉得这应该是皇宫不吉祥造成的。于是在和武惠妃生第四个儿子时，他不敢把孩子放在皇宫里养了，就交给自己的大哥李成器抚养。直到十几年后，才把儿子领回来，这就是寿王李瑁。

武惠妃依仗着自己得李隆基专宠，思谋着要把李瑁立为太子。但现在的太子是李瑛，而且已经当太子好多年了，根基比较稳，不是说句话就能废除的。或许有着武家不成功誓不罢休的基因作祟，武惠妃是铁了心要达到自己的目的。

太子李瑛以前因为自己的母亲被父皇宠爱，觉得地位稳如泰山。现在，发现母亲失宠了，自己的地位可能不牢靠了，就对皇帝有了怨言。太子对父亲有怨言，自然不敢对朝廷官员说，于是李瑛就和自己另外两个弟弟鄂王李瑶、光王李琚一起发牢骚，为自己母亲的失宠感到不满意。

三个皇子自幼养尊处优惯了，想说什么，想干什么，都没有顾忌。但是现在形势变了，武惠妃一直在找太子的碴儿，所以，就在他们身边安插了奸细——驸马杨洄。

为了自己的丈母娘，杨洄自然很尽力，他把自己能听到的有关太子和两位兄弟之间的怨言全都告诉了武惠妃，有时还会添油加醋，把一些无中生有的事栽赃在太子等人身上。这下武惠妃高兴了，认为自己抓住了太子的把柄。她马上向李隆基报告说，太子不孝，不仅阴谋结党，对她和儿子起了伤害之心，还对皇上有怨言。

武惠妃的谗言非常有效，每句话对太子而言，都是杀头的大罪。果然李隆基听进去了，马上找来宰相张九龄和李林甫等人，告诉他们，太子和两个皇子不像话，他不要了。

李隆基糊涂，张九龄可不糊涂，他在给李隆基讲了一番废长立幼的害处后，就问李隆基，以前从没听说太子兄弟三人有什么过错，怎么今天猛然要废掉三人？难道皇帝不知道太子是天下的根本吗？如果真要这么做，那他不敢接受这个命令。

在听了张九龄的一番话后，李隆基稍稍清醒了一些，就把废太子的念头打消了。武惠妃听说事情卡在宰相张九龄这里，立刻急了。皇帝自己都能拿下，难道宰相就拿不下吗？她马上派人去游说张九龄："太子废立，这样的事太常见了，如果你能帮我这一次，那你宰相的位置就可以坐得长久一些了。"

张九龄是一个正直的人，哪里会吃这一套，不仅没有答应武惠妃的要求，还直接向李隆基汇报了。这下把武惠妃气得够呛。于是她就和李林甫勾结，想办法把张九龄排挤出了中央政府，由李林甫上位。

宰相的位置换了李林甫这样一个武惠妃的同盟军，再加上一个看自己怎么都不顺眼的皇帝父亲，太子李瑛的地位就更不稳定了。而武惠妃和女婿杨洄则变本加厉，直接向李隆基说太子有谋反的心思。

为了坐实这件事，武惠妃想出一个恶毒的计策。在一天晚上，武惠妃派人找到太子李瑛和他的两个兄弟，说皇宫里有贼，让他们赶快带兵来保护。

太子李瑛和两个兄弟正愁自己在父皇面前失宠,现在见有一个表现机会,马上带着卫兵,拿着兵器,大喊抓贼,往皇宫里冲。此时武惠妃又急忙去找李隆基,说大事不好,太子和他的两个兄弟造反,领兵杀进皇宫了。

李隆基是经历过这样的政变的,也知道在皇权的诱惑下,任何人都能像当年自己那样,铤而走险。所以他在派兵抓住了鲁莽的太子和他的两个弟弟后,又找来李林甫,商量如何处置这三个敢造反的儿子。

李林甫早就是武惠妃的人了,和他商量,就等于得了病找鬼商量。面对李隆基的咨询,李林甫漫不经心地说:"这是你皇帝的家事,不是我们这些做臣子的能够干预的。"这话的意思就是:作乱的太子兄弟三人是你的儿子,你自己看着办吧,我们只负责执行。

有了这句话,李隆基不再犹豫,马上把太子兄弟三人废为庶人,然后赐死。

如此荒唐的决定,很难让人相信出自一位父亲之手。而被李隆基处死的三个儿子,都不是皇室中的无用之人,太子李瑛有武略,他的两位弟弟也都是好学之人。李隆基为了让武惠妃高兴,轻易地处死了自己的三个儿子,可以说的确是糊涂了。

太子死后,武惠妃的儿子寿王李瑁上位的障碍消除了,他内有母亲推介,外有李林甫帮忙,登上太子之位,只是时间问题,没想到,在临门一脚的关键时刻,武惠妃却病死了。

武惠妃死的时候只有三十八岁,这么年轻,似乎不应该早早死去,而且她死的日子,距太子被赐死的时间只有半年。因此,民间都说武惠妃是被太子的冤魂吓死的。

忙碌的武惠妃带着没有完成的遗愿去了另一个世界,想必她在临死前,是很不甘心的。而李隆基也因为武惠妃的死,没了立太子的心思,更谈不上立年纪很小的寿王李瑁了。这也使得大唐太子之位的归属,陷入了又一场纷争。

第四节　憋屈的太子

对于武惠妃的死,最感到遗憾的,非李林甫莫属了。李隆基的悲痛是因为失去了一位宠爱的夫人,而李林甫的遗憾在于没能立下立太子的头功,这等于失去了未来储君眼里的功臣地位。所以武惠妃死了,李林甫决定还是应该继承她的遗愿,把李瑁推上太子的宝座。

李林甫这样做,是因为内心的不安全感驱使。虽然贵为大唐第一宰相,又得到李隆基的宠幸,但李林甫知道自己为占据宰相宝座,得罪了太多的人,天下要杀死自己的人太多了。一旦自己失势,那绝对是死无葬身之地。

正是这种极度恐惧不安的心,使得李林甫虽然权威赫赫,却一点都快乐不起来,不仅把自己的家布置得像铁笼子一般,还每天晚上都要换几处地方睡觉,出门更是警卫森严,目的就是防刺客。而在推崇太子一事上,李林甫早就亮出了自己满意的人选——寿王李瑁,那么任何别的皇子当了太子,对他都是一种打击和威胁。所以,李林甫想方设法,要推李瑁当太子。

为了达到这个目的,李林甫有机会就和李隆基聊立太子的事,多次提醒说,李瑁年纪也够大了,可以当太子了,请皇上快点做决定吧。

让李林甫怎么也想不到的是,在武惠妃活着时,李隆基有立李瑁当太子的心思,但现在,他却对谁应该当太子变得犹豫起来了。

大概在李隆基的心里,李瑁并不具备当太子的优势,以前能成为众皇子中最引人注目的一个原因,完全是有一个好妈。现在,最大的优势没有了,李隆基也能平和心态,仔细地考察皇位继承人了。

皇帝一思考,这太子的位置就空置了,一年多的时间,李隆基还没有决定。太子是未来的储君,哪个皇子都想当。而李隆基的犹豫,让众多皇子都动起了心思,希望这天大的馅饼能落在自己头上。

为了在众多儿子当中找到一位太子,李隆基自己也很烦恼,弄得吃饭都不香。他的心思被心腹太监高力士看出来,高力士劝他说,不就是立太子吗?实在选不出来,就以长幼为序好了,哪个年纪大,就立谁。

这话一下子点醒了李隆基,认为高力士的话很有道理,既然矮子里面选不出将军,那就年纪大的皇子当太子吧。主意一定，李隆基就立老三李亨为太子。

太子的人选一确定，李林甫就傻眼了。他怎么也想不到李隆基会来这么一手，直接按年龄大小选太子。这样一来，自己将来肯定会被李亨排除在权力中心之外。为了自己的安全，李林甫决定在太子还没有成为皇帝之前，鼓动李隆基废掉李亨的太子之位，另换一个皇子当太子。

李亨虽然当了太子，却一点都不幸福。因为作为皇三子，他以前并不受李隆基宠爱，现在又被李林甫记恨，弄不好还会搭上自己的性命。

李林甫在整治李亨方面，的确是费了很大的心思。他时刻盯着太子，只要找到一点蛛丝马迹，马上就在李隆基那里进行构陷，实在找不到什么理由，就鸡蛋里面挑骨头，想到什么罪名，就往李亨头上安，弄得李亨每天紧张兮兮，生怕自己被李林甫抓到了把柄。

有一年过元宵节，李亨上街看灯，在街上遇到了自己的大舅哥、刑部尚书韦坚，两人在路上遇到了，说了几句闲话就分开了。不久，韦坚又遇到了李亨的一位老部下，目前担任节度使的皇甫惟民，两人因为是熟人，又在一起说了几句话。就这么一件简单的事，却被李林甫抓到了机会。他马上向李隆基汇报说："太子有不轨之心，想利用韦坚牵线，结交边将造反。"

李亨知道李林甫整人的厉害，也知道父亲对未来储君结交边将的事很敏感，马上采取自保措施，向李隆基请求批准和夫人离婚,让司法部门安心审理这桩案子。李隆基对这事自然重视,不但批准了李亨离婚,还把韦坚赶出了朝廷,发配到地方上去了。

太子身边不缺女人,但李林甫也不缺整人的手段。没多久,李林甫又利用李亨另一位夫人张良娣的家事,大做文章,想把李亨网进谋反的罗网里。但李亨马上就发觉了李林甫的诡计,迅速和张良娣离婚,算是把自己摘干净了。

李林甫见太子身边的女人太多,离婚也容易,决定不再在太子身边的女人身上找破绽,而是利用李隆基防范武将的心理,直接把当时的名将王忠嗣给网罗了进来。原因很简单,王忠嗣名义上是李隆基的干儿子,从小就和李亨在一起玩,两人感情很好。李林甫想,就算李亨能跟夫人离婚成为陌生人,难道还能不承认认识王忠嗣吗?

于是李林甫就向李隆基进谗言,说王忠嗣想早日奉太子当皇帝。李隆基一听这话,火冒三丈。亲生儿子他都舍得杀,更何况是干儿子,于是立即把王忠嗣下狱,判处死刑。后来李隆基虽然免了王忠嗣死罪,但也剥夺了他的兵权,发配到汉阳郡当太守。

李林甫的目标是李亨,但李隆基每次处理这些事时,都只处理相关人,唯独不处理李亨。这让李林甫非常郁闷,感觉自己怎么就找不到置太子于死地的法子呢?而更郁闷的是李亨,觉得自己似乎怎么都躲不过李林甫的算计。

李隆基虽然糊涂,但在涉及太子的事上,却没有再犯糊涂。虽然李林甫每次都在他面前添油加醋地说李亨的坏话，但李隆基都没有遂他的心意。说到底，李隆基只是担心太子势力大，威胁自己的皇位安全，所以，只让李林甫当自己的打手，铲除威胁而已。一旦威胁没有了，太子还是自己的儿子。李林甫费尽心机，依旧实现不了自己的目的。

就这样，李林甫一直闹腾了十多年，到最后他死去时，也没能撼动李亨的太子之位。

第五节 爱上了不该爱的人

李隆基步入晚年后，由于没有忠贞的宰相辅佐，干了不少糊涂事，但对大唐影响最大的，就是他爱上了一个不该爱的人。

皇家子弟成婚，不愁没有美女。寿王李瑁的妻子就是大美女杨玉环。本来杨玉环和李瑁也属于年纪相当的一对，两人结婚后的感情也非常不错。这种结局对于杨玉环来说，应该是很满足的。因为她出身普通家庭，自幼父母双亡，是在当小官的叔父抚养下，才长大成人的。现在成了王妃，还有什么可奢求的？在她心里，大概只求能跟李瑁白头偕老就心满意足了。

但是杨玉环这美好的愿望，在遇到李隆基后就被打碎了。虽然皇子身份高贵，皇子的女人无人敢碰。但遇到皇子的老子，任何规矩都起不到作用了。想和爱人白头偕老？得问皇帝答不答应。

李隆基因为武惠妃去世,觉得世界一下子就失去了色彩,感情的天空也变得黑暗了,整天茶饭不思。虽然他的后宫里美女如云,但这位五十多岁的老皇帝眼光却很高,觉得女人虽多,但都不中意。就在他最感寂寞的时候,猛然发现能带给自己情感第二春的女人不在自己的后宫里,而在儿子李瑁的身边。

这下麻烦了!不管皇帝多么高贵,但要是喜欢上了自己的儿媳妇,那依然会被人笑话。只是被情火包围的李隆基,已经顾不上这些非议了,他只有一个想法,那就是杨玉环必须属于自己。

怎么办?让李瑁主动把自己的夫人献出来?这样做不是不可以,但作为老子的皇帝,就好意思如此收下?饶是李隆基色胆包天,也觉得这样的法子不妥。

好在老李家在这方面经验丰富,当初李隆基的爷爷李治喜欢的还是自己老爸的夫人,不一样弄到了手吗?于是李隆基依样画葫芦,先让杨玉环出家去当道士,而且连道士的名号都给她起好了,叫太真,道观就在皇宫内。杨玉环就在这里上班,每天的工作当然不是诵读经文,而是陪着老皇帝寻欢作乐。

有了道姑的身份,杨玉环自然就摆脱了和李瑁的婚姻束缚,没多久,李隆基又下令,让杨玉环还俗,走了这么一道手续后,杨玉环就名正言顺地成了李隆基的贵妃。

得到了杨贵妃,李隆基的生活焕发了第二春,他变得年轻起来,开始专注享乐。成为李隆基的妃子后,杨玉环开始享受李隆基无边的宠爱。而李隆基对杨贵妃也格外专情,完全不把后宫其他女人放在心上了。

首先,杨玉环的贵妃封号是李隆基特封的,而且只有她一人有这个称号。同时,因为李隆基没有再立皇后,所以杨玉环就享受了皇后的待遇。

其次,为了表达自己对杨贵妃的爱,李隆基还激情澎湃地为杨贵妃填了一首歌曲——《得宝子》。意思很直白,就是我得到了杨贵妃,就如同得到了宝贝一般。

李隆基和杨贵妃整天泡在一起,唱歌跳舞,享受美食。李隆基和杨贵妃都是音乐发烧友,也都精通音乐。为此,李隆基特地在宫中成立了"音乐工作室",专门让人在这里创作音乐作品。李隆基亲自担任音乐总监,对作品进行指导和修订,然后进行演出。

正因为杨贵妃受宠,所以全国各地的地方官,也争着向杨贵妃献殷勤。杨贵妃喜欢吃鲜荔枝,李隆基为了让杨贵妃能吃到新鲜的荔枝,命令巴蜀地区的地方官用快马送鲜荔枝到长安。地方官员接到命令后,也是不遗余力安排快递,就是为了能让杨贵妃高兴。

李隆基不仅宠爱杨贵妃,对杨贵妃的家人也是宠爱备至。杨贵妃的叔叔大概也没想到自己当初收养侄女,会得到这么大的回报。杨贵妃三位姐姐都被李隆基册封为贵族,拥有国夫人的头衔,而她的两位本家哥哥也被封官,尤其是杨国忠,没几年时间,就当上了宰相。

杨贵妃的娘家人因为杨贵妃,一下子鸡犬升天。尤其是杨贵妃的三位姐姐,不像杨贵妃那样恬静,相反,得势后马上变得气焰熏天,无恶不作,使得杨贵妃的名声也跟着损害不少。

杨家姐妹意外富贵走红,让普通百姓羡慕不已,在当时男尊女卑的大环境下,生男孩是老百姓最高兴的事,但现在看到杨贵妃的遭遇,大家都认为世道变了,再瞧不起女孩,就太糊涂了。因为生了女儿,改变处境的希望更大。如果哪一天被皇帝看上了,一旦成为皇妃,那全家都跟着沾光。

李隆基对杨玉环的宠爱,简直到了痴迷的程度。十几年来,两人在一起过日子,难免有闹别扭的时候。作为一代帝王,李隆基不是没遇到跟自己闹别扭的女人,但这些女人的下场都是很惨的,直接打入冷宫等死。而杨玉环闹了别扭,每次都是李隆基低头。

有一次,李隆基和杨玉环生气,直接把她送回了娘家。那意思是:你就是一个女人,我皇帝身边还少了女人吗?但没多久,李隆基就吃瘪了,不但茶饭不思,还直接拿手下人撒气。这下,大家都知道李隆基是在想杨贵妃了,就由高力士出面,向李隆基请求说:"我们都不知道怎么伺候你,还是把贵妃娘娘请回来吧?你要是不答应,那我们就只有死了。"

李隆基马上顺水推舟,让高力士去把杨贵妃接回来。高

力士办事不含糊,立刻跑到杨贵妃那里,把李隆基想念她的经过一说,杨贵妃也很感动,特地剪下一缕头发,要送给李隆基。而李隆基此时早就等不及了,已经派出车马,把杨贵妃接回到自己身边。

细究起来,杨贵妃能吸引李隆基,凭的不仅是美貌。毕竟,此时杨贵妃已经三十多岁了,即使美丽,也难以和后宫的年轻佳丽相比。所以,李隆基宠爱杨贵妃,更多的是杨贵妃能懂他的心理,知道他需要什么,使得李隆基觉得自己无论在哪方面都离不开她。

杨贵妃受到宠爱,是她的福气,但对于大唐来说,就不是福气了。此时的大唐,已经走到了盛世的顶点,紧接着衰落就要来临了。

第十章

美好的日子一去不复返

第一节 安史之乱的缘起

李隆基进入晚年后，行事越来越荒唐，由于接受了奸相李林甫的荒唐主意，重用胡人边将，在收获了高仙芝、哥舒翰等异族名将的同时，也把安禄山这样的祸害一并网罗了进来。

安禄山的身世比较复杂，其父是什么人，已经难以考证，但其母是突厥人，是肯定的，而且职业是巫婆。这种神神道道的女人，交游很广，所以安禄山的父亲不清楚，也不奇怪了。可以明确的是，安禄山的老母是带着安禄山嫁给了一个姓安的大唐将军，所以安禄山才跟着姓安。而能娶一个带着孩子的突厥巫婆，可见这个将军的地位实在不怎么高。

父亲的军阶不高，安禄山三十岁时，还是一个大头兵，唯一出色的就是语言能力。据说他能说六国语言，这对于正处于国际化的大唐军营来说，还算是一个人才。而日后和安禄山齐名的叛将史思明，则是安禄山从小玩到大的朋友，两人一起在军营里混生活。

由于当时的大唐国力雄厚，跟周边的邻邦打仗，基本上都是获胜的。所以安禄山在军队里混得不错，不久就因为军功混到了军官行列，成为幽州节度使副使。

到了这一阶层，安禄山有了和皇帝对话的机会。而安禄山又是一个特别会来事的人，对于李隆基派来检查工作的人,都伺候得好好的。这些得了好处的官员在向李隆基汇报时,当然是只说好话了。于是安禄山在李隆基印象中,就是个能打胜仗、忠心耿耿的将军。

等到见到李隆基时,安禄山拍马屁的功夫就有了用武之地。从体型上看,安禄山是一个超级大胖子,肚子大得能把膝盖遮住。李隆基这种在深宫里的人,见了自然觉得有趣,就问他肚子里装的是什么?本是一句随意的玩笑话,安禄山却一本正经地回答说,肚子里装的是忠诚。这样的回答,让年老的李隆基听了,自然是高兴万分。

还有一次,李隆基和太子李亨一起接见安禄山,安禄山对李隆基恭敬行大礼,完事后,按道理要拜一拜太子。但安禄山却把李亨当空气,连个招呼都不打。李亨脾气好,没有计较,李隆基却没话找话问安禄山怎么不拜见未来的储君。安禄山装傻充愣说什么是储君?李隆基说就是未来的皇帝。安禄山这才恍然大悟地说,自己是愚笨的胡人,只知道忠于当今的皇帝,不知道为什么会有储君。一直对太子有防范之心的李隆基,听了这样的回答,不但不认为是作秀,相反还认为他是忠臣。于是,他不断给安禄山加官晋爵。

李隆基对安禄山的信任到了无以复加的地步。当时,他正宠爱杨贵妃,为了拉拢感情,李隆基让杨贵妃一家和安禄山以兄弟相称,这样,安禄山就能成为皇亲,也就是皇帝的舅老爷。没想到,安禄山对这样的恩宠不买账,他不愿意当皇帝的舅老爷,而要当杨贵妃的儿子。要知道,安禄山的年龄可比杨贵妃大。可以说,做了很多无耻之事的李隆基,都想不到这样无耻的点子。

安禄山可不是嘴上说说而无行动的人,他果真就拜杨贵妃为母,以后每次进宫,就先拜见杨贵妃,然后才去见李隆基。李隆基奇怪地问是为什么?安禄山说,自己是胡人,胡人只知有母,不知有父。李隆基听了,哈哈大笑,觉得安禄山实在是太有趣了。

就这样,安禄山不断用拍马屁的方法博得李隆基的信任,使自己成为李隆基最倚重的边将,一人兼任平卢节度使、范阳节度使和河东节度使,还被赐免死铁券。李隆基还嫌不够,最后干脆封安禄山为东平王,掌管的军队超过二十万,而大唐当时的兵力还不到五十万。也就是说,一半的兵力都在安禄山手里了。

李隆基把自己的一半家当交给了安禄山,安禄山没有反心就很奇怪了。以前安禄山最怕奸相李林甫,因为李林甫有自己的关系网,安禄山的一举一动,都在他手心里攥着。等到李林甫一死,杨贵妃的堂哥杨国忠当了宰相,他是个废物,没有一点宰相之才。杨国忠虽然是安禄山的舅舅,却对这个外甥一点都不感冒,总说他要造反。但杨国忠又不像李林甫那样喜欢刺探人的秘密,在没有能说服李隆基证据的情况下,整天说安禄山要造反,不仅起不到让李隆基防范的作用,还一步一步地把安禄山逼到了非反不可的地步。

杨国忠和安禄山的关系是水火不容,而杨国忠又在李隆

基身边，所以安禄山就担心杨国忠会在皇帝面前给自己使绊子。杨国忠也没辜负安禄山的想法，果真就对李隆基说，安禄山势力过大，一定会造反。不信，就把他召到京城来汇报工作，看他敢不敢来。

李隆基听了杨国忠的话，就下命令让安禄山来京城。安禄山此时已经在准备造反了，但还是冒险来到京城。一见到李隆基，安禄山就哭诉自己受到宰相的冤枉，让李隆基给自己做主。李隆基见安禄山来了，也就打消了对他的疑心，放安禄山回去了。以后，杨国忠和其他人再说安禄山要造反，都会遭到李隆基的痛斥。这样，安禄山暂时安全，可以一心一意地准备造反了。

第二节　自乱阵脚

公元755年农历十一月，安禄山觉得自己该行动了，于是就打着诛杀杨国忠的旗号，率领十五万精兵，直扑长安。

本来安禄山还想再等一段时间的，最好等李隆基死掉，这样自己再造反，就没有那种背恩的心理负担了。但是杨国忠却等不及了。他觉得安禄山要是再不造反，自己就没有除掉他的借口了。于是为了激反安禄山，杨国忠派人包围了安禄山在长安的住宅，不仅把里面翻了个底朝天，还把留在那里的安禄山的部属全都杀死了。

杨国忠的这一抄家行动，让安禄山很紧张，认为朝廷肯定已经找到了他要造反的证据,即使没找到,也能借这次抄家行动伪造出来。所以他决定不再等了,马上起兵造反。

作为三镇节度使,安禄山自然知道大唐的兵力都集中在边境,内陆空虚,再加上开元盛世延续了几十年,国内民众对战争已经很陌生。因此,安禄山大军一到,民众的反应除了吃惊就是逃命。就这样,安禄山势如破竹,一下子打到了洛阳附近。

洛阳是长安的陪都,由名将封常青镇守,但他手里无兵,根本就守不住洛阳。等到安禄山来到洛阳城下,一个冲锋,洛阳就被攻破了。封常青只好带领残兵败将跑到潼关,和老上级,同样是大唐名将的高仙芝一起把守潼关。

潼关是长安的大门,如果潼关失守,长安将不保。高仙芝和封常青知道利害关系,也知晓自己现在手里的兵,根本就无法与安禄山交手。于是两人商议,利用潼关的凶险地势,坚守不战,等到各地勤王军队赶来,对安禄山来个里外夹攻,安禄山也就完蛋了。

高、封二人久经战阵,军事能力远比安禄山强,采取了这样的战术,一下子就把安禄山的气焰打下去了。安禄山攻潼关不下,又退不回去,就被耗在了潼关。眼看着形势越来越危急,安禄山气得大骂自己手下的谋士不该怂恿自己造反。

就在安禄山着急时,他的救兵来了。李隆基在长安等捷报等得不耐烦,认为高、封二人有怯战之心,就知道死守。于是派了宦官边令诚带着在长安招募的士兵,来潼关催促两人赶紧出战。那意思就是:你们不是说没兵吗?我给你们派了援军来了,立马把安禄山给我解决了。

李隆基以为打仗就是靠人多,却不知道军人是要经过训练才能打仗的。他派来的援军,除了长安的百姓,就是一些公子哥,以为打仗是好玩的事,把自己皇家御林军的牌子一亮,敌人就会吓得逃跑。他们完全把潼关当成免费旅游和发财的地方了。

高、封二人一看援军的架势,就知道这就是来送死的,于是拒绝出战。边令诚以前就和高仙芝有仇,这时抓住机会向李隆基打报告,说高仙芝和封常青两人克扣军饷,畏敌避战,应该严惩。李隆基听了,怒不可遏,立刻传令将二人斩首。

李隆基这种自毁长城的做法,不仅削弱了大唐的军事实力,还严重影响了军心,在唐军中造成了极坏的影响。

杀死高、封二人后,李隆基又派大将哥舒翰出马,命令他尽快把安禄山解决了。哥舒翰是安禄山的老前辈,同是突厥人,但从来都瞧不起他。有一次,安禄山和他套近乎,说我们俩都是一个民族的,关系应该比别人亲。没想到哥舒翰说做人应该有忠义之心,否则和狐狸豺狼有什么区别?这就是说安禄山不是人了。安禄山气得跳脚大骂,哥舒翰也不是好脾气,立刻和他对骂起来。

两人有了这样的梁子,自然是势同水火。要论打仗,十个安禄山也不是哥舒翰的对手。但此时,哥舒翰已经老迈了,而且还刚刚从中风的状态中缓过来,根本就不能打仗。

李隆基不管这些,命令他赶紧去潼关。

哥舒翰到了潼关后,还是采取高仙芝和封常青的办法,坚守不出,一直坚守了小半年,安禄山也没能前进一步。如果就这样继续僵持下去,形势将不再危急。但在长安的李隆基和杨国忠不耐烦了,命令哥舒翰赶紧出击。

这时,在前线的另两位大将郭子仪和李光弼听说后,赶紧上书李隆基,说哥舒翰的战术是对的,只要挡住安禄山,时间一长,叛军内部就会分化。而他们二人正集结精兵,要不了多久,就会去攻打安禄山的老巢范阳。抓住叛军的妻子为人质,叛军还能持久吗?

这一战略也是正确的,但杨国忠却劝李隆基不要管这一套,赶紧命令哥舒翰出兵,不然机会就没了。杨国忠的话,很对李隆基的胃口。于是,他舍弃了正确的战略,下令哥舒翰立即出兵迎敌。

哥舒翰不敢抗命,只好带着一群新兵蛋子冲出潼关,主动打击安禄山。此时,安禄山正为打不下潼关而惶惶不可终日,见哥舒翰放弃了天险来和自己对打,心里别提多高兴了。两军一交手,哥舒翰手下的士兵立刻哭爹叫娘地四处逃命。哥舒翰赶紧逃回潼关,想着组织兵马再进行防守。但他的部下对他说,你不见高、封二人的下场吗?赶紧投降是正经。于是,部下就把哥舒翰绑在马上,投降了安禄山。

潼关失守,长安的门户被打开,到长安的道路就是一马平川了。本来已经陷入困境的安禄山,绝处逢生。从此,他的造反之路变得顺畅起来。而得知潼关丢失后,李隆基只有舍弃长安逃命一条路可走了。

第三节 分道扬镳的父子

李隆基得知潼关失守的消息后,第一个反应就是赶紧逃,不然,就真成安禄山的俘虏了。往哪逃?杨国忠因为兼任剑南节度使,所以提议李隆基到自己的势力范围内去。于是,李隆基就带着杨贵妃和百官,急匆匆地往四川而去。

李隆基的这一次逃跑,非常狼狈,不仅舍弃了长安城里的百姓,就连后宫里的宫女和一些官员都没通知。如此狼狈,自然准备不周。皇帝倒还罢了,谁都照顾不好,也不能照顾不好他。但那些御林军就惨了。忙着赶路不说,还吃不饱。大家都是在京城里享福惯了的,好多年都没吃过这种苦,一个个怨声载道,都说惹出了这种祸乱,就是杨国忠的错。

大家一路埋怨,杨国忠还不知道,依然作威作福,打骂士兵。等到了马嵬坡,大家休息,一些士兵和军官就在一起商议如何对付杨国忠。正巧,有几个跟着逃难的胡人因为没有吃的,去找杨国忠。这下给了士兵机会,大家大喊着杨国忠和胡人勾结谋反,拿着刀枪,就把杨国忠杀了,然后又去杀杨家人。

这一通乱,把李隆基给惊住了,他连忙派人去询问发生了什么事。李隆基的亲信太监跑出去转了一圈，带着哗变的士兵回来。他告诉李隆基，杨国忠和胡人勾结造反，已经被士兵杀掉了。

这个时候还能有心思造反？李隆基自然知道士兵有怨气，不能把自己怎么样，只能去拿杨国忠出气。既然已经杀了，那就算了，赶紧赶路吧。但是士兵却不答应，他们说杨国忠虽然被杀，但杨国忠的妹妹杨贵妃还在皇帝身边，有她伺候皇帝，他们不放心。别看现在对他们这样，真要脱离了险境，那就是她说了算了。随便找个借口，他们这些人就会被秋后算账，所以不能就这么放过杨贵妃。要走可以，请皇帝先把杨贵妃赐死。

这怎么能答应？李隆基晚年唯一的安慰就是杨贵妃，现在听说要处死杨贵妃，那不是夺他的心头肉？他就跟哗变的士兵讲条件，说杨贵妃身在深宫，不问朝政，杨国忠作乱，跟贵妃没关系。

此时哗变的士兵哪会听李隆基废话，皇帝要是不杀，他们就帮忙杀，到时甚至还有可能会对皇帝不敬。高力士见状，连忙对李隆基说，现在事情紧急，众怒难犯，要是不答应士兵的条件，性命就难保了。

皇帝都是自私的，更何况李隆基这样的皇帝。危急时刻，李隆基完全忘记了以前和杨贵妃的恩爱，终于下令，让杨贵妃自尽。

杨贵妃死了，哗变的士兵这才安心。经过这场骚乱，李

隆基命令赶紧离开这里。正要离开时,李隆基却被本地的老百姓拦住了。这些老百姓对李隆基说,他们都是大唐的子民,请皇帝不要在危机时刻把他们丢给叛军。

李隆基正心情不好,哪里想管这些老百姓,还是说要走:"等我整顿兵马后,再打回来救你们出水火吧。"老百姓见劝阻李隆基无效,就说:"你实在要走,就让太子留下来吧,不然,中原地带的老百姓就没有个领头的了。"老百姓不仅要求李隆基留下太子李亨,还一起拦住李隆基的马头,不答应就不让走。

见此情景,李隆基只好让太子李亨先留下来,让他做一些说服工作,然后来追自己。吩咐完毕,李隆基就先走了。

太子李亨此时已经四十多岁,当太子有些年头了。虽然贵为太子,但一直被李林甫压制,活得很憋屈。李林甫死后,接替他当宰相的杨国忠也没对李亨更尊敬些。更让李亨难堪的就是自己的老爸李隆基,似乎也对他不放心。只要李林甫诬陷他,李隆基就摆出公事公办的样子,整治他周围的人。虽说没把他怎么样,但这担惊受怕的日子,也的确是受够了。要不是看在能接班当皇帝的分上,只怕李亨早就撂挑子不当太子了。

现在,李隆基要跑到一个安全的地方保命,李亨却认为这是一个自己独立干事业的好机会。太平年间当太子,他只能和平接班,把自己的父亲熬死,到底哪一天能心想事成,还不好说。看看李隆基,七十多岁了,似乎身体还很康健;而自己才四十多岁,却因为饱受打击,如同小老头一样。所以他不趁这个机会离开老爸,只怕这折磨还要持续下去。尤其是在战乱年间,一个不小心,说不定他还真被老爸找借口杀了。

有了这样的想法,李亨在应付完老百姓后,没有去追李隆基,而是带着自己的两个儿子广平王李俶和建宁王李倓一起北上,往当时平叛军的司令部灵武而去。

李隆基在前面久等李亨不来,知道儿子是不会再回来了,事已至此,他也不好说什么,只好继续往四川而去,父子俩就此分道扬镳。

李亨带着几千人一路走,沿途不断有士兵逃走。毕竟,李亨做太子时,被人欺负得太狠,大家都对他不抱信心。想着一个文官宰相都没办法对付,现在的安禄山有十多万兵马,就更不行了,这里到灵武还有一千多里地,沿途叛军出没,跟着他只怕性命难保。就这样,人马越走越少,等到了灵武,李亨手下只有几百人了。

李亨到达灵武后,受到了以杜鸿渐为首的西北军的热烈欢迎。三天后,西北军就想拥立李亨当皇帝。这就有些出人意料了。要知道,此时李隆基还活着,怎么也轮不到李亨当皇帝。但现在事态紧急,西北军说皇帝在四川,地方太远,没有主心骨,军心不稳,所以太子必须当皇帝,否则士兵不答应。

在这样的"逼迫"下,李亨只好"勉为其难"地坐上了皇帝的位置,被称为肃宗,他遥尊李隆基为太上皇,改天宝为至

德,然后给李隆基发通知,告诉他正式下岗了。

接到儿子的诏书,李隆基知道事情已经无法挽回,只好长叹一声,说:"我这个儿子素来有大志,现在顺天应人,继承了我的帝位,我没什么可担心的了。"

从此,大唐告别了创造唐朝盛世的李隆基时代,进入了李亨时代。

第四节　力挽狂澜

大唐进入一个新的时代,有了新皇帝,但并不等于太平了。毕竟,安禄山势头正猛,要打败他,还不知道是哪年的事。而安禄山,在打下洛阳和长安后,在洛阳称帝,然后在长安享福,进军的势头,一下子就缓了下来。唐军趁这个机会,进行了布置,等到安禄山再开始进军时,唐军已经扭转了开头的混乱局势,能和安禄山进行正面对抗了。

安禄山打下长安后,想进军两淮,只要占领了富庶的两淮,那天下基本上就属于他了。让安禄山没想到的是,在进军两淮的途中,被一个猛将挡住了,一直到他死,都没能占领两淮地区。

挡住安禄山军队进军脚步的人叫张巡,是谯郡太守的下属,还是一名文职官员。谯郡太守见安禄山势力大,就要投降,派张巡到洛阳去做接洽工作。张巡不干,就召集一批人马单干。

等到张巡走到雍丘地面时,雍丘太守令狐潮也要投降安禄山,还亲自去和叛军接头。没想到,他前脚走,后脚雍丘百姓就宣布起义,把张巡接到了城里。丢了老巢的令狐潮马上召集了四万兵马来攻城,要夺回自己的根据地。

此时,张巡只有两千人,还基本上都是新兵。这要是和令狐潮的军马相抗衡,那就是拿鸡蛋撞石头。但张巡毫不在乎,他对自己的士兵说,不要怕,我们能打败他。

令狐潮自然是没把雍丘的几千人放在眼里,想着只要自己布置好人马,一个冲锋,就能把城攻下来。没想到,就在他们不在意地寻找合适的地方安营扎寨时,张巡亲自带领一千士兵,直接冲杀过来了。令狐潮怎么也没想到两千人的军队竟敢来偷袭四万大军,四万大军一下子就被张巡的兵马杀了个落花流水。

吃了一次亏后,令狐潮不服气,整顿好军马,依仗兵力优势,把雍丘城包围起来,然后开始了对雍丘城旷日持久的进攻。

说旷日持久是有根据的,令狐潮围攻雍丘,从春暖花开的三月,一直打到滴水成冰的十一月,双方交手无数次,令狐潮损兵折将,竟然没有赢过一次。

在双方的交锋中,张巡对付令狐潮的方法总结起来,就是一个字:骗!都说兵不厌诈,张巡用起诈术来,可谓是登峰造极,不断让令狐潮上当受骗。

冷兵器时代,弓箭是最重要的武器,尤其在防守时,弓箭消耗得更快。当张巡发现自己的弓箭用完时,就决定向令狐潮借箭。他做了许多草人,在夜晚挂在城墙上。结果,令狐潮以为张巡要偷袭,就命令士兵放箭。整整射了一晚上,到早上才发现,自己射的是稻草人,还搭进去几十万只箭。

有了武器来源,张巡和令狐潮又僵持了一段时间,在一天晚上,故技重演。这一次,令狐潮不上当了,这些稻草人,你爱挂多久就挂多久。没想到,这次是真人来了。一群敢死队员趁着叛军不防备,猛杀进大营,又是一场大胜。

遭受失败后,令狐潮越发气恼,又整顿军队,对雍丘进行猛攻。打了一阵后,雍丘城没有柴火,没办法做饭了。张巡还是老办法,继续骗。他派人对令狐潮说,你狠,我打不赢你,这地方我不要了,你退后六十里,让我带兵离开。

令狐潮也被张巡打怕了,想着只要你走,什么都好办。于是就领兵后撤六十里。张巡等令狐潮退兵后,立刻命令全体居民出城,把周围三十里地的房屋连同附近的树木都拆光、砍光,把所有木料和有用的砖块都运回来。这下,加固城防的材料有了,烧的木材也有了,还怕什么?

等回来接收的令狐潮一看,自己又上当了,这下伤自尊了,在接连攻打多次后,令狐潮终于承认自己和张巡不是一个级别的,只好败阵而归。

虽然张巡在雍丘占了便宜,但叛军还是攻占了雍丘周围的城池,对雍丘形成了包围态势。张巡知道这里守不住了,就带着人马放弃了雍丘,转移到位置更加重要的睢阳城。

睢阳城有了张巡，就等于给安禄山进入江淮地区的道路上添了一把锁。这次攻打睢阳城的是安禄山手下的将领尹子奇。

尹子奇的名字带奇，但打起仗来，却一点也不出奇。在攻打睢阳城的战斗中，他用尽了所有的攻城器具和战术，但全都被张巡破解。在损兵折将后，尹子奇就用了最灭绝人性的一招——围城。

这一围，就把睢阳城围困了四个月，终于把张巡熬得弹尽粮绝，守城的士兵都拿不动武器了。仗打到这个地步，可以说胜负已分。当尹子奇的士兵爬上城墙时，张巡的士兵已经没有力气来反抗了。于是睢阳城被攻破。

张巡被带到尹子奇面前，面对这个屡次挫败自己的人，尹子奇没有羞辱和折磨他，而是起了爱才之心，劝张巡投降自己。但尹子奇的部下说，这样的人是不可能投降的，而且这样的人很得士兵的心，如果不赶紧杀掉，将来一定后患无穷。

尹子奇听了，觉得有道理，就杀掉了张巡。

张巡虽然殉职，但他在雍丘和睢阳城坚守了两年多，就是这两年的时间，让战局完全扭转，唐军逐渐占据了战场主动权，不但在这一带消灭了十多万叛军，还保证了江淮向全国运输物资的交通线没有断绝。

大唐因为有了张巡，才得以最终战胜叛军，所以，大唐后来的几任皇帝都对张巡做出了表彰。在唐宣宗时，张巡的画

像被放进了凌烟阁,与大唐的开国功臣和平定叛乱出了大力的郭子仪、李光弼一起,受到后世瞻仰。

第五节　两对奇葩父子

安禄山的军队被挡在了淮河边上,也导致他的战略计划全部破产,而安禄山也在这个时候,被他的儿子杀死了。

说来可笑,安禄山有当皇帝的心,却没有当皇帝的命。他在洛阳称帝后不久,身体就出了毛病,没多久,他的眼睛就看不见了,成了一个瞎子。

这样的日子,对于安禄山来说,简直太难过了,虽然是皇帝,但整天两眼一抹黑,还有什么意思?于是,安禄山的脾气变得越来越暴躁,稍不如意,就对身边的人又打又骂,甚至直接杀掉。这让手下人受不了。想着,如此伺候这个瞎子,早晚会被他弄死,要想自己不死,就把他弄死吧。

安禄山手下的第一谋士严庄,找到了安禄山的儿子安庆绪,对他说,你老爸都这样了,我们如果不把他干掉,我们都得死。怎么样,你干不干?

安庆绪是安禄山的合法继承人,但安禄山却不喜欢他,而喜欢小夫人生的小儿子,这让安庆绪觉得自己的位置受到了威胁。现在,严庄说要干掉老爸,那自己的帝位就稳固了。于是,他马上答应了严庄。

公元757年正月,安禄山当皇帝才一年多,安庆绪等人杀死了正在睡梦中的安禄山。然后,安庆绪宣布自己即位当皇帝。

安庆绪杀死安禄山,自己当了皇帝,但安禄山手下的一些老将却不怎么服气,觉得为安禄山卖命打天下可以,你安庆绪算哪根葱?首先不服的就是安禄山手下第一大将史思明。安庆绪也害怕史思明的实力,拼命拉拢他,不但封他为范阳节度使,还封他为王。那意思是只要你服我,我什么都可以给你。

但是史思明的野心很大,根本就不把安庆绪这个皇帝放在眼里,虽然接受了安庆绪的封赏,但对于安庆绪的命令,是只拣对自己有利的执行,不利的就不执行,弄得安庆绪搞不清楚到底自己是皇帝还是史思明是自己的领导。

到后来,安庆绪觉得不能让史思明这样爬在自己头上,就派了两员大将去史思明那里调集军队,并对两人说,如果见了史思明就放机灵点,找机会干掉他。

此时,大唐兵锋正猛,在回纥兵的帮助下,收复了洛阳和长安,还把李隆基从四川接了回来。史思明觉得正是利用安庆绪的脑袋作为投降大唐礼物的时机,于是开始与大唐方面联系,投降了大唐。等到安庆绪的将领见到史思明后,史思明假意客气,摆酒宴招待他们。两人喝醉后,史思明就把两人捆起来,一起带到了大唐,当了见面礼。

大唐对于史思明的归顺,没有半点思想准备,而一直与史思明作战的大将李光弼认为,史思明是个反复无常的小

人，应该早点除掉。可惜他做事不密，被史思明发现了他的计划。于是史思明说大唐不信任自己，是逼自己造反。就这样，在投降大唐半年后，史思明又反唐了，并自立为大圣燕王。

史思明要当叛军的皇帝，就要解决掉安庆绪。因此，他带着兵马，来到安庆绪的老巢邺城外，邀请安庆绪见面，共商对付大唐的计划。安庆绪见史思明带着兵马前来，知道是来对付自己的，就耍了个心眼，对史思明说："你只要进城来，我就把皇帝的位置让给你。"

自己的实力不如人，还敢说让皇帝的位置？史思明觉得好笑，就忽悠他说："我不想当皇帝，我们就结盟，一起对付大唐吧。"

听史思明这么说，安庆绪高兴了，马上出城来见史思明。没想到，他见到史思明，商量的不是结盟的事，而是自己归天的事。两人一见面，史思明也不废话，把他臭骂一顿，直接让人把他砍了。

杀了安庆绪，史思明自然要高升一步，当了大燕皇帝，把首都范阳改名为燕京，准备以此为大本营，与大唐对抗。

在史思明称帝的头两年里，他的事业发展得很顺，不仅多次打败了唐军，还从唐军手里抢到了洛阳，兵锋威胁到了长安，弄得大唐上下，非常紧张。

但这个时候，燕军内部又出问题了，而且还是同安禄山一样，问题出在父子关系上。

这个时期的皇帝,不管是谁都对大儿子不感冒,喜欢小儿子。史思明在这方面做得尤其出格。他特别喜欢小儿子史朝清,总想着把自己的位置传给他,而对于正在外面领兵打仗的大儿子史朝义,是一百个看不惯,总想找借口杀了他。

在一次攻打潼关战斗的准备过程中,史思明命令史朝义用一天的时间修一座储存粮食的城堡。史朝义接到命令后,立刻开始赶工,终于在天黑前,顺利地完成任务,只剩下刷漆的收尾工作了。史朝义想就这点事了,不着急,就让士兵休息一会再干。

没想到,史思明来验收时,看见工程没完而士兵在休息,非常生气,立刻大骂史朝义,说等到仗打完了,就要杀掉他。

史朝义听了,非常害怕,觉得自己这次是真的要死在老爸手里了。怎么办? 只有把老爸往死里整了。于是,史朝义联络了史思明身边的卫士,在夜晚对史思明的卧室进行了围攻。当史思明得知造反的人是自己的儿子时,才后悔白天不该说那些气话。

史朝义杀死史思明后,自己即位当了皇帝。但他这位皇帝无论在哪方面,都和史思明相差太远。叛军因为自相残杀,元气大伤。在苦撑一年多后,终于在公元763年正月,也就是大唐新皇帝李豫登基的那一年,史朝义在追兵的逼迫下,上吊自杀。至此,历时八年之久的安史之乱终于被平定了。

大唐平定了安史之乱,却并没有迎来王朝的春天。

第十一章

王朝掘墓人

第一节 父子间的战争

安史之乱是大唐由盛转衰的分水岭，大唐不仅要平叛，还要解决皇位传承问题，要操的心一点都不比叛军少。

首先是李隆基和李亨之间的皇位继承问题。李亨在当太子时，一直战战兢兢，也没得到过李隆基的完全信任，好不容易借马嵬坡事件摆脱了李隆基的控制，跑到灵武后第一件事就是宣布自己当皇帝，尊李隆基为太上皇，算是确立了自己至高无上的地位，也是告诉老爸，从今天起，我不归你管了，而你要归我管了。

李亨敢这样叫板，是有底气的。毕竟此时李隆基是一个逃跑皇帝，威信全无，而他自己却敢于和叛军对抗，周围又簇拥着一些带兵的大将，再加上乱世正是大将建功立业之时，在皇帝身边打仗，等到战乱平息，正好做一个拥戴的功臣赢取荣华富贵。

面对这样的儿子，李隆基知道局势不是自己能挽回的了，只好顺水推舟地接受了既成事实，承认儿子是皇帝。但皇权使人自私，李亨多年来被李隆基敲打，和他已经完全没有了父子之情，也知道自己的皇位是抢来的，稍不留意，说不定又会被老爸抢回去，于是对李隆基一百个不放心。等到长安光复后，李亨请李隆基回长安，名义上是尽孝，实际上就是要把李隆基看管起来，也让他尝尝当年自己被看管的滋味。

当年,李隆基狼狈地逃出长安,现在回家,不但没有扬眉吐气,反而更狼狈了。刚到市郊,李隆基就被李亨派人缴了武器,然后押送到深宫内殿,在那里除了吃喝等死外,什么事都不能做。父子间的亲情荡然无存,这就是皇权下的悲哀。

处置完自己的老爸,李亨并没有轻松,又陷入了和自己儿子的纠葛之中。作为皇帝,儿子数目少不了。李亨有两个比较成器的儿子,分别是大儿子李豫和三儿子李倓。其中,三儿子李倓英武善战,是块打仗的材料,在这平叛时期,正有用武之地。李亨开始时,也打算培养老三,一度想任命他为兵马大元帅。但谋士李泌劝他说,现在太子之位还没确定,你让老三执掌天下兵马大权,将来如果让李豫当太子,即使李倓没意见,那些跟着他的将领也会有意见的。只怕到那时,玄武门事件又会重演。

听了谋士的话,李亨觉得有道理,就打消了让李倓当兵马大元帅的想法,而让李豫执掌兵马大权。

虽说李亨摆平了自己的儿子,但并没有让自己的儿子得以善终。李倓作为王子,和李豫的感情很好,总想着帮助自己的大哥。但此时李亨的皇后张良娣有自己的儿子,她想让自己的儿子当太子。因此,这就和李豫兄弟俩产生了矛盾。对于太子,张良娣一时难以撼动,于是就想要先除掉太子的臂膀李倓。为了达到目的,张良娣勾结宦官李辅国,开始想办法除去李豫和李倓。

李倓是武将,总想着领兵打仗,张良娣和李辅国就在李亨面前说,千万不能让李俶领兵,不然兵权失去了,以后就难以克制他了。此时,正好史思明被自己的儿子杀了,这对李亨震动很大。于是,他就否决了李俶的要求。

李俶很生气,觉得自己是一片好心,怎么就不被父亲理解呢？他是个直性子的人,心里有气,就憋不住,嚷嚷着要杀一位王爷出气。张良娣抓住了这个把柄,对李亨说李俶要杀李豫。因为李豫当时是广平王,是太子后备人选。张良娣说李俶杀了广平王,自己就会当太子了。

李亨一听这话,非常生气,下旨让李俶立刻自尽。李俶周围的人都劝他,赶紧去和李亨解释清楚。但李俶是个心气很高的人,接到让自己自尽的命令后,也不申辩,立刻就自杀了。等到李俶死后,李亨才醒悟过来,觉得自己冤枉了李俶,但后悔也晚了。

张良娣除掉了李俶,开始全力对付李豫。但在这个时候,她和李辅国之间的同盟关系出现了裂痕,李辅国在得到李亨的信任,掌握了禁军指挥权后,觉得跟一个女人混在一起,没什么意思,就甩开了张良娣,自己独立发展了。

这让张良娣很气愤,她觉得自己被谁小看都可以,就是不能被太监小看。于是她又去找李豫,表明自己想要联合的态度。但李豫恨她害死了自己的弟弟,一口拒绝。张良娣想,既然你不合作,那就只好连你一起做掉了。于是她就去找李豫的弟弟越王李系,和对方说如果他们联合在一起干掉李辅国和李豫,李系就能当上皇帝。

李系当然答应。没多久,太上皇李隆基病死,李亨也病入膏肓。李系马上选派了两百个宦官,带着兵刃埋伏在皇宫里。张良娣则派人带信给李豫,让他赶紧进宫探视。

李豫接到信后,马上往皇宫里赶。这边李系已经准备好了,只等李豫进宫,就杀死他和李辅国,自己宣布登基。李辅国得到消息后,立刻派同伙程元振在门口拦住李豫,然后把他带到军营里保护起来。自己则领着禁军进宫,去抓捕李系和张良娣。

禁军自然比宦官勇武多了。李辅国的人一下子就打垮了李系,然后就去抓皇后张良娣。此时,张良娣正在伺候李亨,李辅国不管三七二十一,上前拖着张良娣的头发就走。张良娣哭喊着让李亨救她,李辅国理也不理。李亨被这么一闹,第二天就死了。

李豫在李辅国的拥立下,当了皇帝,被称为豫宗。他是大唐第一个以长子身份即位的皇帝,也是第一个被宦官拥立的皇帝。

第二节 挽救大唐的双子星

大唐在安史之乱时迎来了生死存亡的关键时期,涌现出了一批抵抗叛军的杰出人物,但公认的对延续大唐命脉功劳最大的人是郭子仪和李光弼。

郭子仪是世家子弟,在重视军功的大唐,他以武举人的身份,开始了自己的军旅生涯,并在几年后成为兵马使。虽然不像哥舒翰、安禄山等人那样是节度使,但他具有太守的身份,这就说明他是一个军政双全的人才。等到安禄山造反时,郭子仪被任命为朔方节度使,在安禄山兵锋最盛的时候,他不但没有打败仗,相反还收复了被叛军占领的十几个郡。

如此战绩,让郭子仪成为李隆基和李亨所倚仗的重臣。在与叛军几经周旋后,终于有机会收复长安和洛阳,李亨对郭子仪说,自己一家老小的性命就全托付给郭子仪了。皇帝说出这种话,可不是作秀,而是最后关头的期待。郭子仪也不含糊,慷慨表示这一仗要是打不赢,就提头来见。而后,他果然收复了长安和洛阳。

在收复长安和洛阳后,郭子仪本打算乘胜追击,彻底肃清叛乱,不想遭遇极端天气,包围叛军的大唐军队被叛军击溃,战斗失利。李亨又听信谗言,罢免了郭子仪。此后的几年里,郭子仪就一直在家闲着。一直等到李豫即位,发生了由吐蕃等二十多个周边政权纠集二十万大军向大唐进攻的武装挑衅事件,李豫才想到起用郭子仪去平叛。

虽说被皇帝冤枉了数年,但接到征召后,郭子仪还是不计前嫌,接受了任命。虽说有了职务,但李豫却没法给郭子仪平叛的军队,他只能带着几名部下,临时去各地召集军队。结果,各方官员和军民一听郭子仪复出,立刻云集而来,几天工夫,郭子仪就组建了一支大军。等到他赶到前线,那些周边政权的军队一听说郭子仪来了,立刻退军。这一次经历,

让李豫和大唐官员认识到了郭子仪的价值。

公元765年,平叛有功的大将仆固怀恩因为对朝廷封赏不满,就召集吐蕃和回纥的军队作乱。这两支军队共十万人,包围了长安北面的泾阳,准备攻打长安。关键时刻,又是郭子仪出面,带领一万人,正面迎敌。

面对敌强我弱的局面,郭子仪认为不能硬拼,于是就单人独骑去和叛军指挥官见面,劝他们不要进攻长安。吐蕃与回纥的酋长们看见郭子仪,纷纷下跪,表示愿意听从郭子仪的指挥,不再与大唐为敌。仆固怀恩的旧部,也在仆固怀恩病死后来投奔郭子仪。这样一来,大唐面临的危险,彻底消除了。

郭子仪戎马一生,却从不居功自傲。他一生忠勇爱国,宽厚待人,在朝廷内外都有极高的威望。

如果说郭子仪的才能是全方位的,那么,李光弼就可以说是直接在战场上与叛军搏杀的功臣了。

李光弼是契丹人,他的父亲是契丹酋长,是大唐国公和副节度使,也是一员名将。集官二代与富二代于一身的李光弼,并不是百无一用的纨绔子弟,相反,作为将门之子,他精通武艺和兵法,很得当时的名将王忠嗣的信任,被举荐为朔方节度副使。

在担任朔方节度副使期间,李光弼和郭子仪成为同事。不知道什么原因,李光弼对好脾气的郭子仪一百个看不顺眼,相互之间不但不说话,就是坐在一张桌子上吃饭,也不互相看对方一眼。安史之乱发生后,郭子仪被李隆基任命为朔方节度使,成为李光弼的上司。李光弼想到二人水火不容的关系,觉得可能会倒霉,就想赶紧调离朔方。正在这时,朝廷要郭子仪选派一位将领到河北前线去对抗叛军,郭子仪二话不说,就推荐了李光弼。

升了官的李光弼不但不感激,还很生气,认为这是郭子仪的借刀杀人之计。但军人以服从命令为天职,而且领兵打仗,也是自己的夙愿。因此,他毫不犹豫地接受了任命。在临走前,他找到郭子仪,对他说,自己这次是要以死报国的,希望郭子仪能保全他的妻子儿女。或许李光弼是想恶心一下郭子仪。没想到郭子仪却抱住他说:"你多虑了,现在是国家用人之际,正需要你这样的人才,哪里还能计较什么私愤呢?"于是,两人尽释前嫌,开始合作,成为挽救大唐危局的双子星。

李光弼带领军队赶到河阳,与进攻洛阳的叛军对峙。围攻洛阳的叛军是安禄山最精锐的部队,由最能打仗的史思明统领。结果第一仗,李光弼就杀死了史思明手下最勇猛的部将,逼迫叛军龟缩在城里,不敢迎战。

当李亨在灵武即位后,李光弼和郭子仪一起来到灵武。李亨封李光弼为户部尚书、同中书门下平章事(宰相),仍任节度使,又特命他为北都太原留守。李光弼奉命由灵武率军赴太原,继续征讨叛军。

在太原,李光弼在兵力悬殊的情况下,一面防御固守,一

面守中有攻。他让战士从城中挖地道通城外,打击敌军;他还在城上安装石炮,击毙叛军十分之二三;地道后来挖到史思明大营,俘斩叛军一万多人。就这样,李光弼在太原坚守多日,最后以歼敌七万人的胜果,赢得了太原战役的胜利。

与郭子仪一样,李光弼也成为大唐的救火队长,哪里军情紧急,李光弼就被派到哪里,四处转战,每战必胜,最后因功被封为临淮郡王。

整个安史之乱期间,李光弼自始至终参与指挥,一直是唐军平叛主将之一,发挥了出色的军事才能,指挥唐军歼灭叛军有生力量,为平息内乱立了头功。

由于功高,李光弼也受到了宦官鱼朝恩等人的嫉恨,最后发展到不敢入朝的地步,也导致他在军队中的威望受到损害,部下也开始不听从他的命令。这让李光弼感到耻辱和惭愧,致使忧郁成疾。公元764年,李光弼在徐州病逝,只有五十七岁。

大唐双子星,延续了大唐的政权,而郭子仪一生荣光,李光弼生命短暂,也从侧面说明了这两个人在个人修为上的高低。

第三节 宦官专权和藩镇割据

李豫即位完全是宦官的功劳,要是没有李辅国和张良娣对抗,李豫别说当皇帝,连命都保不住了。正是因为李辅国功劳大,所以,李豫很感激他,任命他当兵部一把手,还监管天下兵马。就相当于现在的国防部长和军队总参谋长。此外,宫里大小事务,也都归他统管。一个太监做到这一步,也算是前无古人了。而李辅国则蹬鼻子上脸,完全不把李豫放在眼里。他竟然霸气十足地对李豫说,你这个皇帝没事就在宫里待着吧,什么事都不要管,军国大事我来处理。

这话李辅国可不是说说而已,而是真的做到了。在他当政期间,他陷害了许多有名的大臣,就连郭子仪见到他,也避让三分。这样一来,李辅国在朝廷内就更加有恃无恐,发展到最后,连皇帝都不放在眼里了。

太监是皇帝的家奴,现在,家奴爬到主人头上了,自然让皇帝不爽。李豫本来就是一个聪明人,在战乱期间,能花心思摆平那么多掌握枪杆子的不听话的武将,要动心思摆平一个太监,还是不在话下的。

李豫手底下的宦官很多,他找到另一个对自己有恩的宦官程元振,也采用提升的办法,让程元振和李辅国进行窝里斗。结果,有皇帝撑腰的程元振占了上风,李辅国逐渐失势,最后被刺客杀死在家里。

解决掉了李辅国,并没有解除掉大唐面临的宦官专权的毒瘤,程元振在专权方面,比李辅国有过之而无不及,就连赫赫武功的李光弼都被他整治得不敢回朝廷来见皇帝。至于那些地位不如李光弼的功臣,被程元振陷害而死的,不在少数。这样一来,大唐的颓势就更难挽回了。

李豫是一个聪明人,但喜欢用小聪明治国,对于一个帝王来说,是比较致命的缺陷。或许是安史之乱带来的教训太深,作为皇帝的李豫认为大臣、武将不可信,还是宦官更可靠。于是,在程元振被他放逐之后,又重用另一个太监鱼朝恩来钳制大臣。

鱼朝恩也不是省油的灯,因为会拍马屁,所以很得李豫的喜欢和信任,被封为国公,掌管御林军。在把持朝政后,鱼朝恩狼的本性就完全暴露了,根本不把百官放在眼里。有一次,鱼朝恩不知道为什么觉得不爽,就在朝堂上,当着百官的面,对当时的宰相元载大发脾气,说现在朝廷供应不足,皇帝为此吃不下饭,你这个宰相是怎么当的?怎么就不主动让贤,赖在这里干什么?

堂堂宰相被一个太监当众训斥,却不敢做声,还只能赔笑脸站在这里,大唐颜面,可以说是丢尽了。

不把宰相放在眼里,对于皇帝李豫,鱼朝恩也没当回事。有一次,他的干儿子因为官职低,在和同僚吵架时吃了亏,回去找他告状。鱼朝恩二话没说,带着养子就来找李豫,说自己儿子官太小,希望马上得到提拔。话一说完,他就从旁边的宦官手里拿过早就准备好的高品级紫袍给养子换上,然后向李豫表示感谢。

这种当着皇帝面都不把皇帝放在眼里的行为,让李豫很气愤,但当时他也只好赔着笑说衣服穿在身上不错,就这样吧。皇帝失了面子,当然不会就这么算了,李豫马上和宰相元载一起商议,要除掉鱼朝恩。元载上次受了气还没出,一听有这好事,马上答应。两人在一次大宴群臣后,把鱼朝恩单独留下。在历数他的罪过后,元载亲自下手,把鱼朝恩勒死了。

鱼朝恩死了,但宦官专权并没有结束,反而有愈演愈烈的趋势。

除了宦官专权,削弱大唐国力的另一大弊病就是藩镇割据。而这个问题,也是在李豫当皇帝时产生的。原因很简单,就是为了平定安史之乱。由于安禄山和史思明拥有的军队多,为了分化他们手下的将领,大唐只好采取封官许愿的办法,诱使这些官员投降大唐。而能对这些叛将产生诱惑的官职就是节度使了。李豫以军功的名义,让这些叛将率领他们的士兵,在原地驻扎。一些参与平叛的官员,见到叛将都当了一方军政首脑,心里自然不平衡。敢造反的都当节度使,他们这些忠心耿耿为大唐效力的人,反而只能当一般将领,凭什么?也要让他们先造反吗?

于是,为了平息功臣的不满,李豫只好再分封这些有功将领为节度使。这样一来,节度使就越来越多。这些节度使在地方,朝廷根本就管不了他们,也不敢管。安史之乱打了八年,几乎完全消耗了大唐的国力。所以,李豫只想着与民休息,不想跟这些节度使起冲突。因此,只要这些节度使不公开反叛,想干什么,就让他们干什么。毕竟,只要自己能继续当皇帝,就比什么都好。

就这样,节度使的权力越来越大,到后来,当节度使和当皇帝没多大的差别了。藩镇就相当于一个独立王国,节度使在自己的地盘内,是想干什么就干什么。一帮武夫吃饱了没事干,就想着要扩充地盘,整天杀来杀去。老大不听指挥,手下也是见样学样,一个不爽,就联合起来,把节度使干掉,然后换一个人当节度使,中央政府也干预不了。

安史之乱后,大唐地方一共有四十多个节度使,这些独立王国之间的武斗,使得大唐在下行线上越走越远,再也无法回到盛世之路上了。

第四节　捞钱天子

公元779年,李豫病死,他的儿子李适即位为德宗,开启了一个新的时代。

说是新时代,主要是因为李适这个皇帝有些不一样。从在位时间上看,李适做了二十六年的皇帝,大唐当皇帝时间比他长的,只有李治和李隆基。

虽然在位时间长,但要说贡献,李适却比二位前辈皇帝差远了。其实在刚刚当皇帝时,李适还是想有一番作为的。比如他下令取消了全国向中央进贡的土特产,表示自己不是一个吃货皇帝,甚至还关闭了宫内的娱乐部门,连过生日要收的贺礼也都免了。这一切似乎都在向大唐子民宣示,你们遇到了一个好皇帝。

但是国家无钱,光皇帝自己节流起不到太大的作用,还得想办法开源。李适就采用了宰相杨炎的建议,对税制进行改革,开始实施两税法。

两税法说起来很简单,就是按照征收对象拥有的土地数量和资产数量,每年在六月和十一月收两次税。在两税法实施前,税收是按人头收的,现在,开始按照财产收了,等于扩大了税源。同时,皇帝也不再操心土地兼并的问题了。谁拥有的财产越多,交的税也就越多。而且,从表面上看,还相对地减轻了农民的负担。因为在以前,军阀和官吏刻意以各种借口向农民征税。现在李适发话了,以后只能按照财产定额收税,每年收两次,谁多收就是犯法。

两税法的实行,开创了中国税收的新时代。从此以后,中国封建社会的税收虽然也有改革,但基本上没有脱离两税法的框架。

如果两税法真的是按照规定实施,那么,李适还真能成为大唐很有作为的一位皇帝。可惜没多久,李适就露出了贪婪的真面目,开始捞钱了。

说到底,李适其实是一个很爱钱的皇帝。但现在已经不是开元盛世的时代了,皇帝也没有余钱,但要享受却离不开钱。怎么办?想办法从石头里榨油吧。

作为皇帝,李适搞钱的法子还是有很多的。头一个法子就是派出宦官,带着皇帝的诏书,到全国各地公开去索取财物,而且连借口都不用编,直接找到当地官员,把诏书一亮,命令什么时候把钱送到。如果办不到呢？好办，撤职，换个能办到的人来当官。这样一来，还有哪个地方官员不乖乖地把钱送到他手上呢？就这样，为了满足李适的需要，许多官吏不仅按月送钱，甚至还有官吏每天都向他送钱，一下子就让李适的小金库堆满了钱。

第二个法子就是在宫里做买卖。因为皇宫里吃闲饭的人太多，开支巨大。在李适之前，皇宫采买是由政府部门负责的。李适为了省钱，觉得让政府部门过一道手，太费钱了，就下令让太监专门负责采买事宜。

太监负责采买，果然省钱。但省钱的法子不是找到了便宜的货源，而是因为太监仗着自己是为皇帝买货，根本就不执行等价交换的规定，基本上就是强买，用极少的钱，买到价值超几倍的货物，或者干脆就不给钱，还逼对方送货上门。

这样做，李适是把钱省下了，但倒霉的就是在长安做生意的商户了。时间一长，长安的商业就萧条了。虽然不断有官员给李适提意见，说这样做不行。但李适就是不听，你们不当家，不知道柴米贵。于是他继续纵容宦官干这种完全是勒索的勾当。

第三个法子就是收税。这对于皇帝来说，是来钱最快的法子。皇帝代表政府，想收什么税，简直就是太容易了。公元783年，李适宣布增收两项税法：税间架和除陌钱法。这听起来很拗口，却和普通人的钱袋子关系密切。税间架就是房屋税，除陌钱就是交易税。按照两税法的规定，是按照财产多少收税。但许多老百姓家里是家徒四壁,没有什么财产,可以不交税。这让李适心里很不舒服,这么多人不交税,得少了多少钱啊。于是他就规定家里只要有房子,就必须交税。而且还按照房屋等级计价,税额在五百到两千不等。更要命的是这道税不是交一次就完了,而是每年都要交。要想不交,就把房子拆了。

真以为拆了房子就能不交税了吗?那就是做梦!因为李适还规定了除陌钱。拆了房屋,那些木料、瓦片总要交易吧?那就得交税,而且税率还很高,达到了百分之五。

李适捞钱的目的,倒不是全为了自己享受,而是要打仗。此时藩镇的势力越来越大,中央政府已经完全失去了对藩镇的控制。

公元 781 年,李适打了第一次削藩战争,运气不错,打赢了。但最后论功行赏的时候,度没有把握好,导致平定藩镇的军队跟李适起了冲突,在长安附近闹了起来。李适为了平息事变,就下令让泾原兵来解围。

泾原兵到了长安后,正赶上饭点。李适命令京兆尹赶紧去招待这些大兵,吃完饭去打仗。结果京兆尹太吝啬,准备的饭菜和猪食差不多。这下,激起了泾原兵的愤怒,想着我们马上就要去卖命了,却让我们吃这些,不干了。于是军队哗变,集体冲向皇宫去讨说法。

李适没想到事情会发展到这一步,慌忙逃出了京城,一直到半年后,才狼狈地回来。经过了这一出后,李适知道锅是铁打的，藩镇的实力不是白己能对付得了的。于是他彻底消沉了，再也不管藩镇的事情了。从此以后，地方藩镇的势力越来越大，终于成为剿灭大唐的绞索。

第五节 天子与宦官的博弈

藩镇对大唐的祸害，还在皇宫之外，但宦官专权，对皇帝的威胁，却是最直接的。李豫和李适对于宦官的掌握，还算顺手，几个大太监最后都被皇帝做掉了，但到了李诵当皇帝时，皇帝和宦官博弈的形势，就发生了改变。

李诵十九岁被李适立为太子，但由于李适当皇帝的时间长，所以等到李适死的时候，李诵已经四十五岁了，被称作顺宗。按说这个年龄正是男人最成熟的年龄，但由于李唐家族的遗传病，李诵刚一当上皇帝，就因为中风而半身不遂。而中风的后遗症，更是让他连说话都说不清楚。

这样的人，按说不应该当皇帝，但皇帝的座位一坐上去，谁都不想主动下来。于是在李诵和大臣之间，就由宦官来充当信使了。

虽然李诵中风了，但他的头脑却很清醒。他认识到大唐的顽症是宦官专权和藩镇割据。所以，他想着自己应该有一番作为。这第一刀应该砍向哪里呢？砍藩镇？自己老爸身体健康，和藩镇对决，只落得个逃跑的下场。自己半身不遂，到时坏了事，只怕想跑都跑不掉。

既然对抗藩镇不可行,那就换个对手,拿太监开刀吧。于是,李诵任命具有革新精神的王叔文为宰相,推行遏制宦官专权的改革。

当时的宦官头子俱文珍,是一个很有头脑的人,也能决断大事。一看李诵和王叔文气势汹汹来修理宦官了,立刻联络其他宦官和藩镇势力,开始进行反扑。

俱文珍反击的手段很巧妙,他利用李诵不能动弹,和官员隔着一层的情况,先威逼李诵把王叔文由宰相调任户部侍郎,这就剥夺了王叔文进宫和李诵商谈的权力。

王叔文见事情不妙,马上派人进宫去见李诵,希望能阻挡这个任命,但俱文珍自然不会让他得逞。王叔文反击无效,最终和自己的部下柳宗元、刘禹锡等人被赶出了朝廷。这还不算,俱文珍借口李诵身体不好,整日里和一帮太监在他身边吵嚷,逼他退位。

为了不被这帮太监暗害,李诵只得答应了俱文珍的要求,在当了半年的皇帝之后,宣布退位,太子李纯即位,被称作宪宗。而李诵退位五个月后,就不明不白地死了。

李纯小时候就有些志向不凡,一个皇子的志向怎么就不凡呢?理由很简单,皇子那么多,谁知道日后谁能当皇帝?但有一次李纯和李适祖孙俩聊天时,李适开玩笑地问:"你是谁呀?"李纯马上说:"我是第三天子!"当着皇帝爷爷的面,李纯就敢说自己是日后皇帝的继承人,让李适都觉得惊奇,认为这个孙子还真是个当皇帝的料。

李纯接班后，那些藩镇军阀还没把他当回事，没想到，李纯主动和他们干仗，在不到三年的时间里，李纯和四个藩镇打了起来，结果，他竟然全都打赢了。其中最著名的就是派李愬雪夜入蔡州，这一仗把最嚣张的藩镇吴元济给收拾了。

有了资本，李纯自然不把宦官放在眼里。尤其是扶自己上位的俱文珍，他横竖看不上眼，就开始疏远他，起用另一个宦官吐突承璀来当自己的助手，甚至荒唐地任命他为大将军，让他去领兵打仗。

在李纯这些皇帝看来，宦官可信的原因在于宦官没有后代，只要给点甜头，就不会对自己造成威胁了。

想法很天真，但现实很残酷。李纯任用吐突承璀，起了一个很坏的榜样，那就是只要想干扰皇帝的决策，找别人没用，就找宦官。这样一来，宦官就受到了所有人追捧，而他们自己也认为自己很牛，总觉得不干出点惊天动地的大事来，都对不起自己。于是，大唐的宦官真的干出了大事，那就是决定谁来当皇帝。

李纯在当政初期还有点作为，但他也继承了李世民喜欢服食仙丹的爱好。结果在服食仙丹后中了毒，脾气变得有些暴躁，对于伺候自己的宦官，不是打就是骂，甚至直接打死宦官。

这样一来，许多宦官就觉得活在李纯身边，生命没有了保障。怎么办？哪里有压迫，哪里就有反抗。宦官王守澄利用李纯想立儿子李恽当太子的机会，秘密勾结李纯的另一个儿子李恒,说自己有办法让他当太子继承皇位。李恒正为当不了太子而糟心,一听有这样的好事,当然是求之不得了。于是双方联合起来,开始了秘密政变。

公元820年正月,李纯暴毙。有传闻认为是王守澄指使自己的同伙、宦官陈弘志在李纯吃了仙丹睡觉时,直接用绳子把他勒死的。然后王守澄假传圣旨,把李恒扶上了皇帝的宝座,后世称之为穆宗。李恒当皇帝后,知恩图报,首先就把吐突承璀杀死,让他到地下和自己的老爸做伴去了。

王守澄本来只是一个普通的宦官,因为这件事而出名。立了这么大的功劳,王守澄很得李恒的信任,掌管了朝廷的禁军。而在朝廷里,掌握了禁军,就等于掌握了朝廷的大权。

对于宦官来说,由于身体缺陷,他们不可能走上前台当皇帝。但上不了台面,不等于说话不算数。王守澄通过弑君而上位,知道要让自己立于不败之地,不能仅仅只依靠皇帝的信任,而要掌握枪杆子。有了武力作为后盾,连换皇帝都不在话下,还担心得不到荣华富贵吗?

从这个时候起,大唐的宦官开始了最牛的生涯。因为有了军权,他们就有了决定谁是自己主人的实力。如果皇帝威胁到了自己的安全,那宦官也不愿意再伺候他了,就换了他。天下什么都缺,就是不缺皇帝。李家的宦官已经不是皇帝眼里的奴才了,而是敢于让皇帝消失的牛人。

天变了,大唐的天下不由皇帝做主,而由宦官当家了。

第十二章

大唐的终局

第一节　皇帝不出自家门

李恒是依靠太监的力量,干掉了自己的老爸当上皇帝的。这么一个急吼吼想当皇帝的人,在太监的怀抱里,每天想的就是如何玩乐,打球、打猎、办宴会、看演出,什么花钱多,就玩什么。大唐国力不但没有起色,还把他老爸对付藩镇所取得的一点成果,又还回去了。

要说李恒对落魄中的大唐最大的贡献,就是造就了一群皇位接班人,因为在他死后,他有三个儿子都接班当上了皇帝,而且他的弟弟也当上了皇帝,他可以说是被一群皇帝包围的皇帝。李恒的三个儿子虽然都当上了皇帝,但在位时间都很短,三人当皇帝的时间加起来只有二十二年,才是李隆基当皇帝时间的一半。

第一个接替李恒上位的是大儿子李湛,被称作敬宗。他当皇帝时只有十六岁。与他荒唐的老爸比起来,李湛的荒唐远超他老爸,因为他继承了李恒爱玩的天性,还玩起来不分白天黑夜。在玩乐方面付出了这么多精力,对于该干的事——当皇帝,李湛就没有多少余力去做了。他每个月上朝的时间不到三次,就这样,他还迟到早退,恨不得把所有的时间都用在玩乐上面。

喜欢玩也就算了,关键是他的脾气还不好,玩疯了的时候,抓住身边宦官的一点错,就要责罚,手段是狠劲地打,弄得宦官们觉得这样下去，不一定哪天就死在他手上了。于是一群宦官一商量，还是把他干掉换取自己的平安为好。公元826年一个冬天的晚上，李湛打猎回来后，和宦官刘克明、田务澄一起喝酒，喝到一半，他去上厕所，就被宦官杀死在厕所里。

一代大唐皇帝，就这样窝囊地死掉了，宦官们如愿以偿，开始挑选新皇帝。杀死李湛的宦官刘克明等人先把李湛的叔叔李悟抬出来，让他先主持军国大事。而李悟也觉得有太监的支持，自己又当上代理皇帝，只要等黄道吉日来临，自己就可以正式登基了。

没想到，刘克明的做派，引起了另一个大宦官王守澄的不满。因为如果皇帝不是他立的，那自己掌握的禁军就会被新皇帝收回去，交给另一个人。没有了军权，自己离死也就不远了。

王守澄也是个敢杀皇帝的人，刘克明这一手，对他来说，就是小儿科。于是他马上调动禁军，来了一次突击行动，把李湛的弟弟李昂带到了宫里，立刻把他扶上了皇帝的宝座，然后又大开杀戒，杀死了刘克明和正做着皇帝梦的李悟。

李昂即位后，被称作文宗。他有当一个好皇帝的理想，所以也干了不少值得夸赞的事。但在如狼似虎的太监鼻子底下，他总觉得皇帝当得气不顺，所以就想着要彻底除掉这帮太监。尤其是扶立自己当皇帝的太监王守澄，简直就是弄死皇帝的专业户，根本就不把自己这个皇帝放在眼里。于是李昂提拔另一位宦官仇士良,两人合谋弄死了王守澄,算是解除了心头大患。

只不过李昂没想到,能弄死大魔头王守澄的太监也不是善茬,仇士良掌权后,所作所为比王守澄更出格,不但不把群臣放在眼里,就连李昂都敢呵斥了,忍无可忍的李昂决定反击。这一次,他接受了教训,不再找宦官帮忙,而是找了两个大臣郑注和李训,商量着要把所有的宦官全部杀死,建立一个没有太监的世界。

李昂是一个搞地下工作的高手,几个人的合谋一直没有被仇士良发现。只不过一句老话说得好,不怕神一样的对手,就怕猪一样的队友。李昂什么都考虑到了,就是没有考虑到自己的两个盟军出了问题。李训觉得杀死宦官不是什么了不得的事,想着要把这个功劳一个人得了,决定在干掉宦官的同时,把郑注也一起干掉,自己独掌大权。

主意打定后,李训就派自己的亲信将领韩约去向皇帝报告,说在禁军大院里的一棵石榴树上有甘露,这是个稀罕事,因为当时是冬天,怎么能有甘露呢?一定是祥瑞降临了,请皇帝带领太监们一起去观赏。

李昂知道这是计策,就带着仇士良等人一起去禁军大院。这时,李训已经在院里埋伏了士兵,只要皇帝一进来,韩约就可以下令士兵动手,杀死这帮太监。没想到,韩约心理素质不过硬,想着要杀死权势滔天的仇士良,不由得有些害怕,站在那里不住地流冷汗、打摆子。这让仇士良觉得奇怪。

而在这时,又刮起了一阵风,藏在幕帐后面的士兵一下子露了出来。

仇士良知道上当了,马上命令太监们拉着李昂往外跑。李训见事情败露,连忙喝令士兵动手。但已经来不及了,仇士良和太监们使出吃奶的力气,把李昂带回了皇宫,然后以李昂的名义调集禁军进行平叛,最终杀死了李训和郑注。

仇士良死里逃生后,对李昂看得更紧了,基本上就是把他关在内宫里,不许见人,没几年工夫,李昂就郁闷而死。

李昂死后,他的异母弟弟李炎即位,被称为武宗。李炎本来没有资格即位,但仇士良认为一定要把皇帝掌握在自己手里,所以就强硬地立他当了皇帝。李炎并非一个不成器的皇帝,他在位期间也有一些政绩,加强了中央集权,一度出现了点中兴的苗头。而他留名历史的最有名的事件就是在全国掀起了一场轰轰烈烈的灭佛运动。

公元 846 年农历三月,李炎因为吃了过多的仙丹而中毒死亡。

第二节 牛李党争

宦官专权,让大唐一连好几任皇帝都无所作为,也耗尽了大唐的国势。太监坏事,而大唐的朝臣们也没起到什么好的作用,党争祸国,就是此时大唐局势的一个再贴切不过的标签了。

党争的几位主要人物有牛僧孺、李宗闵以及他们的对头李德裕。这两派之所以成为对头,主要是因为出身。牛僧孺、李宗闵是庶族出身,地位低微,而李德裕是功勋之后,属于士族出身,双方血统一个卑贱,一个高贵,想要拧成一股绳,几乎是不可能的。

作为庶族地主出身的牛僧孺、李宗闵,要想出人头地做高官,就只有参加进士考试这一条途径。而李德裕想当官,就容易多了,只要把家里的户口本拿出来,往吏部一放,到年龄就可以去做官,而且提拔的顺序还在前。

这种现象在牛僧孺、李宗闵看来明显不公平——你们功勋之家祖宗有本事,我们认了,凭什么你们就能吃祖宗饭,世世代代都当高官呢?既然这样,太宗皇帝确定进士考试制度干吗?合着我们辛苦读书,拼命挤龙门,到最后还是只能给你们功勋子弟当跟班?不行,得改。你们功勋家祖宗能打能杀,你们这些窝囊子孙能干什么?宦官欺负皇帝,也没见你们出头,还算什么功勋?以后要当官,必须通过进士考试,没文凭,绝对不能当官。

而以李德裕为首的功勋子弟中,虽然有一些窝囊废,但李德裕却是一个干才。在他看来,当官不是有进士文凭就能当的,当官是需要经过训练才能干得了的。牛僧孺和李宗闵这些人,读书是好手,但也只是书呆子而已,在朝廷上夸夸其谈无人可敌,真要当官做事,没一个合格。而功勋子弟,从小就熟悉官场,掌握官场的本领,要比这些进士们强多了。

牛李党争是从牛僧孺和李宗闵参加进士考试时埋下的伏笔。当时牛僧孺和李宗闵两人在试卷上抨击了宦官专权,指责当时的宰相李吉甫失职。李吉甫一看,这几个不知天高地厚的读书人敢指责自己,就没有把两人作为人才提拔。这下就惹恼了其他官员,纷纷向宪宗皇帝上书。宪宗无法,只好把李吉甫贬出了朝廷。虽然事件在当时就平息了,但也因此埋下了党争的祸源。

在早先,牛僧孺和李德裕的关系还是不错的,两人在官场上也是同事。在一次官员的宴会上,在场的官员都是进士出身,只有李德裕是以功勋子弟的身份当的官,所以牛僧孺就开玩笑说,你是一个靠祖上余荫得到官位的人,怎么也在这里混吃混喝呢?

听到这句话,李德裕也不生气,而是直接对皇帝说,我没有进士文凭,所以,不应该指责进士。但我的祖上在天宝年间,因为想当官没有门路,就勉强去参加进士考试,结果却考上了,这说明考进士不是什么难事。所以我认为朝廷选官,还是要选拔勋贵子弟为好。

李德裕不仅这样主张,而且一旦掌权,就想办法难为参加进士考试的人。等到穆宗即位后,一次进士考试,李宗闵的女婿和一些高官之子都考中了进士,这在当时是稀罕事,高官的儿子什么学问,大家都心知肚明,考上一个还情有可原,这么多高官的亲属都中了进士,想说不是舞弊都没人相信。此时,正是李德裕说话算话的时候,他自然不会放过这个报复李宗闵的机会,就向穆宗皇帝说这次考试的确是作弊,应该进行惩处。于是,牛党的人都被贬官。

不仅在做官资格上,牛李两派之间有矛盾,在应对藩镇局面上,牛李双方的策略也完全对立。牛僧孺和李宗闵都是读书人,打打杀杀不在行,认为对付藩镇这些老粗,应该采取怀柔政策,只要他们不明目张胆地反对朝廷,就不要干涉他们在自己地盘上的所作所为。

牛僧孺和李宗闵这种自欺欺人的主张,自然遭到了李德裕的反对。在李德裕这样的功勋子弟看来,藩镇再牛,有自己的祖宗当初牛吗?不就是仗着有几个兵吗?有机会,一样干掉他们。

李德裕有这样的抱负,更能付诸行动。公元843年,昭义节度使刘从谏临死前,让自己的侄儿继承节度使之位。朝廷正想着地方节度使死一个少一个,怎么会让他的侄儿继位呢?于是说不行。这个侄儿也不是省油的灯,干脆自称为节度使。李德裕对付这样不听命令的地方节度使就一个办法——打。于是,他亲自给昭义周边的几个节度使写信,说只要你们帮朝廷干掉昭义节度使,不但有重赏,而且你们的子孙可以世袭节度使的位置。

这样的好事当然让这些地方节度使高兴了。于是大家联合出兵,干掉了刘从谏的侄儿,昭义镇回到了朝廷手中,而李德裕也因此奠定了自己大唐名臣的地位。

在李德裕当政的几年中,牛僧孺和李宗闵集团的人完全被他压制,没有办法出头。等到宣宗皇帝即位,李德裕的好日子也就到头了。

宣宗是一位有自己想法的皇帝,再加上他信佛,对曾参与武宗灭佛行动的李德裕没有好感。于是,他自然会拉拢牛僧孺和李宗闵来打击李德裕。

牛僧孺和李宗闵正因为被李德裕压制了好几年而郁闷,如今总算是找到了出头的机会,和宣宗联合起来,把李德裕贬出了朝廷,先是派到荆南当节度使,没多久,又贬到西川当节度使,后来干脆贬到崖州当地方官,没多久,李德裕就死在了那里。

牛李党争,耗尽了大唐的国力,使得大唐在好几年的时间里,陷入了内耗。当国力稍有起色时,又因为宣宗上台,导致国策发生了改变,而大唐也失去了最后振作的机会,朝着灭亡之路奔驰而去。

第三节 最后的辉煌

武宗皇帝因为追求长生不老,把仙丹当维生素吃,结果中毒死了。他生前认为自己不会死的,所以也没有立太子。

对于谁来当皇帝,宦官最有发言权。他们在唐宗室里选来选去,决定不立武宗的儿子当皇帝,理由很简单,年纪太小了。这很奇怪,年纪小,不正好可以由宦官来把持朝政吗?但宦官的心思更直接,小皇帝不好伺候,要是选一个傻子当皇帝,自己以后的日子不就好过了吗?于是就决定由穆宗的弟弟——光王李忱即位,这就是宣宗皇帝。

李忱为什么会被宦官看作是傻子呢?因为自从他懂事以来,就一直被人当傻子,而且他的表现也和傻子没什么区别。皇室成员在一起聚会时,大家吃吃喝喝,打打闹闹,他却坐在那里,一言不发地看热闹。哪怕是比他辈分小的亲属拿他开涮,他也不回应,仿佛没听见似的。于是大家就公认李忱是个傻子。

李忱傻子的名声传开后,一些对皇帝位置有想法的人,都没有把他看作是竞争对手,所以,在决定该谁当皇帝时,有决定权的宦官们都一致推选李忱。他们认为伺候一个傻子皇帝,以后还不是自己想怎么样就怎么样了。没想到,等到李忱一即位,这些宦官们就傻眼了,原来自己才是真的傻子。

李忱是晚唐最有作为的一位皇帝,被誉为"小太宗",从这个称呼就可以看出,他的身上有李世民的影子和做派。李世民很勤政,李忱也不遑多让。李世民主政时,把全国地方官员的名字写在屏风上以便随时熟悉。李忱也学到了祖宗的这个法子,他把《贞观政要》抄写在屏风上,每天没事时就站在那里看,那态度比小学生读课文还要认真。在李忱的心里,一定是有个梦想,那就是要恢复大唐贞观时的气象。

李忱在上朝时,态度也非常端正,左右伺候的人,从他的脸上看不到一点倦怠的神情。在处理朝政时,他会正襟危坐,让汇报的官员不敢耍滑头。每当朝政处理完毕后,他又

会和颜悦色地对大臣们说，好了，现在是下班时间，可以说些闲话了。大臣们紧绷的神经才松弛下来。

每次朝会结束，李忱都会在离开时对大臣们提出警告：你们做官的，要好自为之，我时常担心你们会辜负我对你们的信任，那样的话，我们可能就很难再会了。言下之意很简单，我让你们当官，就是要你们多琢磨事，不要想着怎样弄权。如果你们做了对不起朝廷的事，那就不要怪我对你们不客气了。

这样一个明智的皇帝，谁能想到他假装了三十多年的傻子？更奇特的是，三十多年装傻子的生活，没有留下后遗症，这足以看出李忱是一个能忍的人。

当了皇帝之后，李忱非常会用人。为了选拔有能力的官员，李忱记下了大唐全部官员的名字，并且每隔一段时间，就要对全国的刺史进行考察。有新刺史要上任时，李忱就会把他找来，当面进行考核。考核合格，就可以去上任，考核不合格，就直接免职。

在法制建设上，李忱比其他皇帝更知道法制的重要性。有一年，天下大旱。古代遇到这种情况，都是从皇帝自己身上找原因，看是不是得罪上天了。李忱也一样，先认错，然后宣布每天只吃一顿饭，请老天下雨。结果没什么效果，李忱又加码，大赦囚犯，希望老天能开眼下雨。就在皇帝大赦的诏书准备下达时，官员马植上奏说，大赦可以，但对一些罪大恶极的罪犯不应该大赦。李忱见马植在这个节骨眼上提意见,说自己考虑不周全,竟然没有生气,而是主动承认自己错了,重新修订了大赦诏书。

还有一次,负责首都治安的长官崔罕因为一个小官没有向自己行礼,非常生气,在查明对方的身份后,竟然命令手下把这名小官打死了。李忱知道后,非常生气,立刻下令把崔罕贬到很远的地方去。这样处置,宰相觉得太严厉了,就委婉地向李忱提出来。李忱却说,崔罕是负责治安的长官,处罚有过的官员也没什么,但他却看对方是小官,就把对方打死,这明显是欺软怕硬。如此之人,怎么能让他负责京城的治安呢?

为崔罕说情的宰相都对李忱维护法制的行为感到畏惧,以后再也不敢有糊弄他的想法了。令狐绹在李忱手下当了十多年的宰相,没有一日敢松懈。

李忱在当政期间,对宦官也加强了管束。有一次,一名宦官外出到河南办事,在招待所里,嫌弃招待所提供的大饼难吃,就把招待所的官员打了一顿。正好有一名地方官员到京城汇报工作,就把招待所的大饼拿回去,向李忱进行了汇报。李忱听了,非常生气,立刻把那个宦官喊来,一顿痛骂。

对于宦官专权,李忱深有感触,他想为子孙后代一劳永逸地解决这个问题,那就是把所有的宦官都聚在一起,然后全部杀掉。在和宰相令狐绹商量时,令狐绹觉得这事太危险,坚决劝阻了。

李忱虽然是晚唐所有皇帝中最有作为的皇帝,但到后期,他也起了长生不老的念头,开始服食仙丹。这种傻事,自然无法帮他长生不老,只会加速他的死亡。公元859年,李忱因为服食仙丹而得病,最终病情恶化而死。

李忱的死亡,宣告大唐最后一根救命稻草消失。此后,大唐接下来的四任皇帝,一个比一个荒唐,推动着大唐一步一步走向灭亡。

第四节　造反风暴

李忱生前对宦官不感兴趣,宦官对他也没什么感情,在立继承人这件事上,宦官就结结实实地报复了李忱,没有拥立他属意的继承人,而是立了李忱的大儿子李漼,后来被称作懿宗。

李漼能当皇帝,就是因为他傻,这次宦官记住了在李忱身上看走眼的教训,扎扎实实地推举了一个傻子上位。李漼当皇帝后,就没做什么正经事。他的所作所为就是玩,玩得高兴就赏,不高兴就处罚。

这还不算,李漼还是一个特别爱钱的皇帝,他任命了许多官员,大肆为自己捞钱。这些官员在完成皇帝的任务时,也不忘为自己捞钱。结果,苦的就是老百姓了。

一个皇帝如此昏庸,老百姓自然怨声载道,在活不下去的情况下,就开始造反了。李漼当政时,经历过两次大的战乱,一次是裘甫领导的农民抗暴运动,一次是士兵哗变。裘甫领导的农民抗暴历时很短,就被镇压了,但其意义却很大,他让大唐老百姓明白了朝廷不让你活下去,你就可以造反,想办法让自己活下去。从此,大唐农民造反的风暴就不可遏制了。

而士兵造反则更是荒唐。李漼把来自徐州的士兵安置在边疆守卫,说好了三年一轮换,结果过了六年,还不让这些士兵回家。这就把这些归心似箭的士兵激怒了。你当皇帝的不让我们回家,我们就自己回家。于是,士兵们就推庞勋为首领,朝着家乡前进。

庞勋领导的还乡团,一度声势浩大,官军根本就不敢对其进行阻拦。庞勋的兵力最盛的时候达到二十多万人,波及了大唐最富庶的东南地区。最后,大唐拼凑了几十万军队,还把沙陀、吐谷浑等少数民族都派出来了,才算把这场兵变镇压下去。

李漼经历了这些,也走完了自己的生命历程。在挑选继承人方面,宦官又起了决定作用。这些宦官不选年龄大的当皇帝,专门挑年龄小的人当皇帝,李儇因为只有十二岁,就被宦官看上了。为了能让李儇顺利继位,宦官们把李漼几个年长的儿子全部杀死。没有了竞争对手,李儇接替李漼当皇帝,被称作僖宗。

因为年龄小,所以李儇只有依靠推举他的宦官行事,宦官田令孜让李儇只管去玩,大事由自己来处理。李儇觉得这正对自己的胃口,于是,撒着欢玩,什么骑马、射箭、音乐、算

术、蹴鞠、下棋,只要是玩的,李儇全都会,而且还非常精通。从这方面看,李儇的智商非常高,可惜没有被好好培养,结果,就成为昏君。

当皇帝当到这个地步,那就是不想让天下归自己了。于是,就有人来打大唐天下的主意了。这个人就是盐贩子黄巢。

历朝历代都把盐税当作国家财政收入的主要来源,所以,私盐贩子自古就是一个比较能来钱的行当。黄巢家几代都贩私盐,积累了巨大的财富。到了黄巢这里,长辈觉得卖私盐虽然赚钱,名声却不好听,还是违法勾当,就想着让黄巢读书,参加进士考试,能当个官,不仅能把家底洗白,还能有个照应。

黄巢说不上是不是读书的料,反正参加科举考试没考中,一气之下就不考了。离开长安时,他写了一首诗,表明自己的心迹:"待到秋来九月八,我花开后百花杀。冲天香阵透长安,满城尽带黄金甲。"这首诗所表达的内容和意境,让人一看就知道黄巢是个人物,诗也够得上是反诗。可惜当时大唐已经病入膏肓,没什么人注意这个敢如此口出狂言的人。

打定主意造反后,黄巢就拜了一个叫王仙芝的人做大哥,在公元874年开始造反。虽然认王仙芝为老大,但黄巢的威信并不比王仙芝差。对于王仙芝的一些战略路线,他也不认同,尤其在面对招安这件事上,黄巢一不高兴,就对王仙芝动拳头。结果两人只好分开。没过多久,王仙芝战死,所有造反部队就都归黄巢统领了。

黄巢的造反之路并不顺畅,但他是铁了心要造反到底的人,所以,不管遭到多大的失败,他都咬牙坚持下来。最后,他带领自己的队伍逢山开路,一直打到广州,算是彻底跳出了大唐军队的围剿。

在广州没待多久,黄巢就带着人马北上。这时黄巢已经是势不可当了。在接连突破长江、淮河的防线后,他顺利地占领了洛阳,兵锋直指长安。

李儇见黄巢的军队到了家门口,也不敢玩了,想着赶快派军队堵住潼关。但此时想什么辙都不如逃跑便利。潼关守军根本就挡不住黄巢部队的冲击,李儇能做的事就是和他祖爷爷李隆基一样,丢掉长安,往四川跑。

公元880年农历十二月,黄巢在长安称帝,建国大齐。但黄巢被胜利冲昏了头脑,直接在长安享福,没有继续追击。结果各路勤王的军队包围了长安。黄巢想出一计,先撤出长安,让唐朝军队进入长安休息,然后杀了一个回马枪,打垮了唐军,又占领了长安。

此时,已经是黄巢最强盛的时候了。在长安待了两年,黄巢支持不下去了,只好带领人马撤出长安,又开始了流寇作战。这一次,唐军不打算再放过黄巢,跟在他后面一阵猛打,一直把黄巢追到他的山东老家冤句。

此时,黄巢的兵马几乎全部丧失,完全到了山穷水尽的地步。黄巢被唐军包围在一个叫狼虎谷的地方后,感觉走投

无路，只好自杀。

随着黄巢的灭亡，这场历时十年，波及十几个省的农民大起义，终于失败。虽然李唐没有亡国，但大唐的根基已经被彻底动摇，旧的藩镇失去控制，新的军阀势力也借此成长起来。

第五节 大唐终结

正当大唐风雨飘摇时，李儇的弟弟李晔登基，被称为昭宗。李晔当上皇帝，不是来享福的，而是来受罪的。但在即位之初，李晔还是展现了一定的工作能力，他铲除了大宦官杨复恭，让皇帝的权威再一次提升，也让朝廷为之一振。

收拾完宦官之后，李晔面对的就是唐朝的大敌——藩镇。这些地方军阀比宦官更厉害，对大唐皇帝也完全没有什么忠心。其中，离长安最近的藩镇是凤翔节度使李茂贞，也和李晔的矛盾最大。李晔见自己身边蹲着一只老虎，就想着法要把李茂贞赶走。但此时实力不如人，不但没有如愿，反而被李茂贞逼得在长安待不下去了。

李晔想自己既然惹不起李茂贞，干脆就躲他远一点吧。于是就决定北上太原，到河东节度使李克用那里去避难。李克用是胡人，但比当时盘踞在大唐的各个节度使都要忠于大唐。因此，李晔不管李克用离自己有多远，一定要去他那里。但是，还没走到半路，又遇到了镇国节度使韩建。

韩建知道乱世当中,能把皇帝攥在手里,那就是奇货可居。于是,韩建就拦着李晔不让他走,非要李晔去自己的地盘。面对如狼似虎的节度使,李晔没办法,只好打消了去李克用那里的念头,跟着韩建去了他的老家华洲。

控制住李晔之后,韩建就开始作威作福,向各地发号施令,让他们把粮食运到华洲。为了让李晔彻底变成孤家寡人,韩建把跟着李晔的大唐亲王、宗室人员全部杀死,彻底掌握了大唐的所有权力。

李晔的宰相崔胤见韩建这个魔头太可怕了,自己待在这里,早晚要被他弄死。于是赶紧和占据洛阳的另一位节度使朱温联系上,让他带兵来救李晔。

朱温以前是黄巢的部下,在唐军第二次围困长安时,他带领自己的部下投降了唐朝,成为一方节度使。此时,他从混乱中看到了机会,马上答应了崔胤的请求,说自己马上带人来华洲救天子。

韩建的实力不如朱温,见他来华洲索要李晔,赶紧把李晔放出来,让他回长安去,别在这里给自己惹麻烦。回到长安的李晔,彻底失去了进取心,变成一个只知道享乐的皇帝,每天喝醉了酒就杀人,杀完后睡一觉,醒来又喝酒,然后再杀人。这样一天天周而复始,身边的人受不了了,觉得这样下去,自己早晚会被他杀死。

于是,一帮将领联合起来,趁李晔喝醉,发动兵变,把他抓起来,关在一间密室里,然后准备立他的儿子李裕当皇帝。

没想到,李晔命不该绝,朱温听说皇帝被囚禁了,觉得这是自己的一个大好机会,马上派自己的亲信蒋玄晖潜入长安,收买了一些叛军将领,杀死了叛乱头子,把李晔救了出来,让他继续当皇帝。

原以为自己逃过了一次大劫,命运会有转机。没想到,舒心日子没过几天,李晔身边的一帮宦官劫持了李晔,把他又带到了凤翔节度使李茂贞那里。朱温知道自己要借用的皇帝又到了李茂贞那里,气急败坏,马上率领全部人马来到凤翔城下,要李茂贞把李晔交出来。

李茂贞当然不肯就这样屈服,于是双方在凤翔大打出手。由于朱温是有备而来,所以李茂贞被朱温围困了好几个月。最后实在支撑不住,李茂贞只好向朱温投降,把李晔交给了朱温。

李晔以为自己这一次是遇到了真的忠臣,见到朱温就是一阵痛哭,夸赞朱温是李家的大救星。只是李晔没想到,眼前这个要救自己的人,就是大唐的掘墓人。

得到了皇帝之后,朱温借口长安不能待了,逼迫李晔迁都洛阳,到自己的大本营。此时,李晔才看明白朱温的真面目,但为时已晚,只好跟着朱温往洛阳而去。

在洛阳,朱温为了把李晔控制住,就把他身边的宦官全部杀光,然后全部换上自己的人。这样一来,李晔在朱温面前就成了透明人,什么都瞒不过他。而掌控了皇帝之后,朱温就成了各地藩镇军阀的太上皇,自然也成了他们的眼中钉。

　　为了和朱温对抗,各地藩镇联合起来,准备共同向朱温进攻,抢回李晔。朱温觉得要是哪一天自己疏忽了,让这些人把李晔抢走了,那就对自己大大不利。于是他决定干脆把李晔杀了,以绝后患。

　　公元904年农历八月十一日深夜,朱温派自己的养子朱友恭带兵杀入皇宫,把正在酣睡的李晔杀死。目的达到后,朱温立李晔只有十三岁的儿子李柷当皇帝,这就是大唐最后一位皇帝哀宗。

　　此时,大唐政权可以说是不存在了。朱温也没把他当回事,连新皇帝必用的新年号都没有给他预备,直接用李晔的年号。

　　李柷当了皇帝,没有一点皇帝的架子,全都要看朱温的脸色行事。他存在的目的只有一个,就是替朱温守着皇帝的行头,等到时机一成熟,就把皇帝的行头交给朱温使用。

　　李柷满打满算当了两年的皇帝,这不是朱温的意愿,而是因为朱温要和当时最大的两个对头李克用和刘仁恭较量,根本来不及当皇帝。后来,因为朱温战事不利,为了鼓舞士气,朱温决定废掉李柷,自己当皇帝。

　　公元907年农历四月,曾经强盛无比的大唐,走到了尽头。皇帝李柷多次上门,请求朱温接替自己当皇帝。而朱温在假装退让后,也顺势接受了请求,登基为帝,改国号为梁。至此,大唐走完了两百八十九年的历史,而中国也开始了最黑暗的五代混乱时期。

作为大唐最后一位皇帝，李柷和所有的末代皇帝一样，都不可能有什么好下场。他先被朱温囚禁在曹州，一年后，就被朱温毒死。

大唐是中国历史上公认的最强盛的时代，在政治、文化、经济、外交、军事各个方面都取得了辉煌的成就。一个芬芳四溢的大唐，可以说是中国封建历史的一个缩影。然而，随着大唐最后一位皇帝李柷的退位，繁盛了近三百年的李唐王朝，也终于走向灭亡。

第十三章

那些花香之一
大唐初期的文化范

第一节　兵家圣人

大唐的国力鼎盛，首先就体现在兵锋上。隋朝历史短，在大唐开国时，主要的军事手段都用在对内抢夺地盘上，对于外患，尤其是强大的突厥骑兵，采取的是容忍和退让的态度，即使强如李世民这样的马上皇帝，面对突厥的咄咄逼人，也只能以钱买平安。但是，一旦缓过气来，李世民第一个要收拾的外患，就是突厥，而这其中的带兵人，就是大唐的战神李靖。

李靖是一个为战争而生的兵家圣人，但又不显山露水，大隋奠定时，李靖已经成年，又是勋贵之家的直系亲属，如果想要直接在军队里混，也没什么困难。但李靖却没有走这种门路，而是当了一名不入流的小官，承担起监视李渊的任务，并为此差点丢了性命。

李渊父子肯定是知道李靖的名声的，所以，并不因为他没有站到自己这一边就杀了他解恨，而是用其所长，把带兵打仗的任务交给了他。这使得李靖如鱼得水，开始在战争中发挥自己的全部才能，并为大唐兵锋淬炼成钢，做出了巨大的贡献。

纵观李靖所参与的与大唐有关的全部战争，不仅无一场败仗，而且还是在不同的气候和地势环境下，利用不同的兵种，采用不同的谋略，取得完全的胜利。可以说，李靖是军事

上的全才，是当之无愧的统帅人物。

作为兵家圣人，李靖不仅有实战经验，还有理论著述。在总结了自己的作战经验后，李靖写下了《卫公兵法》和《李卫公问对》两部兵书。看书名感觉有些怪，似乎是李靖在答记者问。其实，这两本书的作者到底是不是李靖，还存在着很大的疑问，但主流观点是这两本书即使不是李靖亲笔写的，也是根据他的战略、战术思想整理的。所以，最能反映李靖作战理论的，就是这两本书。

在这两本兵书里，李靖强调，打仗光靠勇猛是无法取胜的。大唐初期，可以说猛将如云，秦琼、尉迟恭、罗士信、程咬金、徐世勣等，都是一世豪杰，但都只能上阵拿刀砍人，听别人使唤。除了徐世勣有些谋略外，其他人在智谋上都不足取，也在兵力占优的情况下，打过败仗。正是因为如此，李靖才强调作为领兵的将领，应该深谋远虑，不要到了面对敌人时，才去临机应变。

在李靖之前，受到重视的兵书只有一部《孙子兵法》，但从书的内容和结构上看，《孙子兵法》更应该是一部有关战争的哲学书，只论述了作战所要遵循的总的原则。而李靖的兵书具有实战性，对于如何做到知己知彼、运筹帷幄、带兵抵制和行军打仗都做了阐述。

农业社会打仗是最费钱的，所以皇帝都不希望打持久战，喜欢速战速决。而李靖认为到底是应该打持久战还是打闪电战，应该根据具体的情况去分析，不应该只为了省钱，只追求闪电战而放弃持久战。这可以说是李靖最重要的一个军事观点了。

《卫公兵法》最大的特点就是书里面的办法多，这本书以较多的篇幅专门讲述了战术方法，如阵法、行军法、撤退法、行引法、安营法、教战阵法、旗法等，称得上是一部军事百科全书。

李靖军功卓越，但为人非常谨慎，不轻易卷入是非，这或许是因为他在勋贵之家待久了，见惯了帝王翻云覆雨的统治手段。李世民发动玄武门事变时，特地请他参加，但他拒绝了，选择了中立。正是因为他的这种态度，李世民才敢于放手发动军事政变，否则李世民的政变能否成功，还要打大问号。

在军事上的成功，使得李靖坐上了大唐军神的第一把交椅，而李世民也对李靖的军事才能非常佩服。为了让大唐的猛将们都能掌握李靖的军事思想的精髓，李世民特地安排只知道拿刀砍人的猛将侯君集拜李靖为师。没想到，侯君集学了一阵子，就跑去向李世民告状，说李靖有造反的心思。李世民问他怎么知道？侯君集说李靖只教自己一些粗浅的兵法，这明显是留一手，怕将来李靖真的造反时，自己就能镇压他了。李世民转身去问李靖是不是有造反的心思，否则怎么不全心教侯君集兵法。李靖说，侯君集有这个想法那就是日后想造反，因为自己现在所教的兵法，足够他应对各种敌人了，他却还想深入学习，为什么？没有敌人，就只有造反了。

李世民听了,觉得这是无厘头官司,也就算了。但日后侯君集果然和太子勾结,想造李世民的反,李世民这才想起李靖说过的话,不由得佩服万分。

李靖不仅是兵家,更是一位智者。他知道伴君如伴虎的道理。即使李世民英明神武,但坐在皇帝的位置上,基本上所有的人在他眼里,都是潜在的敌人。所以李靖早早就要求退休,安心在家里享福,不过问朝廷大事。也正是这种明哲保身的豁达,使得李靖远离了纷争,得以善终。

第二节 绘画天才和书法家

大唐走入承平的时间比较早,持续时间也比较长,经过初期的开国战争后,对内基本保持了稳定,即使经过武则天改换门庭,对国内的震动也不大。这样长时间的稳定和经济发展,对文化繁荣是有很大的推动作用的。所以唐朝的文化非常发达,其中绘画和书法更是冠绝一世。

阎立本是一名以擅长画人物画出名的画家,而且他还和李世民有直接的关联。李世民打天下有功,被册封为秦王,可以开府任命官员。当时大唐正处于平定天下的时期,秦王府的官员们大都要为战争服务,不知道他这个画画的有什么额外的本领,也被李世民招进了秦王府。

在秦王府,阎立本和这些日后贞观年间的名人们朝夕相处,这些人的音容笑貌都刻在了他的脑子里,而且交道打多了,他对这些人的性格特点也非常了解。到了李世民当皇帝时,他觉得应该把自己手下这帮人的相貌画下来,也算给后人一个纪念的机会。于是,阎立本就授命画《秦府十八学士图》,也就是秦王手下最得力的十八位文臣。画作完成后,阎立本立刻因为擅画人物画而出名。

为李世民打天下的不仅有文臣,还有武将,而且武将是拿脑袋换功名,更有资格为后代留下画像。于是,李世民专门修建凌烟阁,在那里供奉为他打天下立下汗马功劳的功臣。李世民亲自圈定二十四位功臣,交给阎立本画像,阎立本也不辱使命,顺利地完成了这个艰巨的任务。现在,只要一提到凌烟阁,就知道那里是放功臣画像的地方。由此可见,阎立本的画技到了何等水平。

阎立本的绘画特色在于线条圆转流畅,舒畅坚实,在色彩渲染上是浓重凉静,看上去韵律感十足。画画一般最讲究的就是构图,阎立本在这方面更是擅长,在追求比例和谐的同时,还能把画面刻画入微,就不是一般画家所能达到的功力了。

如今,所能看到的阎立本的画,原作几乎没有了,只有《步辇图》和《历代帝王图》最能反映阎立本的画风。《步辇图》是反映李世民接见西藏松赞干布派来的使者的情景,而《历代帝王图》则描绘了从西汉到隋的十三个帝王图像。《步辇图》中所画的人物,因为身份不同,各自展现的动作也不一样,这本是一晃而过的情景,却被阎立本抓住了,全都展现在画卷上。而《历代帝王图》更是通过图像，展现了当时正统历史对这些帝王的功过评价，其最大的特征就是把重点放在人物内心的刻画上，因此带有阎立本自己的好恶色彩，但没有人物漫画式的表面夸张。

正是因为阎立本画技高超，所以跟着他学画的人很多，以至于他被公认为开创了后世一代画风。

李世民虽然是马上皇帝，但他却喜欢文治，文人那一套功夫，他也非常娴熟，尤其钟爱的就是书法。皇帝如此，大臣自然要跟着练字了，否则上奏时一笔烂字，只会惹皇帝不高兴。

李世民喜欢书法，没事的时候也和大臣们一起讨论书法，在这方面最能和他说上话的就是虞世南。等到虞世南去世后，李世民失去了知音，叹息着说，现在想找个人讨论书法都找不到了。魏征听说后，就向李世民推荐了褚遂良。

李世民不相信褚遂良在书法上的功夫，为了考考他，就拿出自己珍藏的一幅王羲之的书法作品请他指出书圣的书法特点。褚遂良只看了一眼，就说这是一幅赝品。李世民觉得很没面子，让褚遂良给个理由。褚遂良不慌不忙地请李世民把这卷书法拿起来，透过阳光看。然后褚遂良用手指着其中的"小"和"波"字说，这个小字的点和波字的捺中，有一层比外层更黑的墨痕，很显然，这是重复描的。王羲之的书法笔走龙蛇，超妙入神，怎么会出现这样的败笔呢？李世民仔细一看，还真是这么回事。从此，他打心眼里佩服褚遂良的眼力。

从书法造诣上看,褚遂良在唐朝能排在前三名,所以很快就和李世民成为知音。褚遂良擅长写行书,是大书法家王羲之的崇拜者,一生都在学王羲之。而李世民更是王羲之的超级粉丝,经常向民间悬赏,求购王羲之的书法作品。

皇帝喜欢王羲之的作品,自然下面就会有人出力去寻找。结果送来王羲之的书法作品数不胜数,傻瓜都知道这里面的赝品很多,更何况李世民还是书法大家。但既然敢在皇帝面前造假,那自然是下了一番功夫的,想在短时间内分辨真假,也是不可能的。李世民是皇帝,也很勤政,不能花很多时间去完成鉴宝的工作。所以这个工作就交给褚遂良来完成了。在他的法眼下,赝品都被剔除,留下的都是传世精品。李世民很高兴,把这些书法精品都收到内库保存,还让褚遂良为这些作品开出目录,成为皇家永远的收藏品。其中,王羲之最著名的行书作品《兰亭集序》就在列,最后成为李世民死后的殉葬品。

褚遂良在书法上属于自成一家的人物,他年轻时学习虞世南的书法,到了晚年,又学习钟繇、王羲之,其书法融会汉隶,丰艳流畅,变化多姿,后代对褚遂良书法的评价是:字里金生,行间玉润,法则温雅,美丽多方。能当得起如此评价,可见褚遂良的书法功底了。如今,在西安大雁塔还保留着褚遂良写的《雁塔圣教序》碑文,在此碑文中,褚遂良把虞、欧法融为一体,皆波势自然。从书法的气韵上看,还有书圣王羲

之的特点，但用笔，结字，圆润瘦劲之处，却都显示着褚遂良自己的书法特点。

第三节　开创中国禅宗的大师

　　大唐是中国最具开放性的朝代，包容性很强，对外来文化，基本上是采取欢迎的态度，佛教就是在这种情况下大行其道的。

　　佛教在唐朝的影响力很大，以至于许多人都认为佛教是在唐朝时才传入中国的。其实，佛教在当时，已经扎根中国几百年了，只是当时大唐的国教是道教，佛教的影响力不足而已。

　　但影响力不足，不等于没有人信佛教，有时，信仰的力量是强大的。这其中，最有名的人物有两位，一位是玄奘，一位是慧能。

　　玄奘就是所有中国人都熟悉的唐僧，他幼年出家，精研佛法。但在钻研佛法的过程中，有许多问题搞不清楚，查资料吧，资料又不全。于是，他就想，是不是应该去佛教的发源地印度去找资料，顺便把那些经文都带回来，这样，以后用起来不仅方便，也可以让更多的人去学习原汁原味的佛法。

　　心动不如行动，玄奘起了去取经的心，就决定不再等下去了。但是，大唐对于普通中国人出国是采取限制和禁止的态度的，玄奘出国取经的行为，就在禁止之列。但无论什么困难,都难不住玄奘向西取经的心。他没有等待官府发放通行证,而是采取偷渡的方式,义无反顾地向西方的印度进发。

经过了无数的艰难险阻,玄奘终于来到了印度。此时,大唐的名声已经在印度传开了,一位大唐高僧来印度学习佛法,自然更能引起轰动。玄奘到了印度后,并没有把自己打扮成名人到处参观访问和出席宴会,而是老老实实地到寺庙里当学生,学习原汁原味的佛法。

在学习期间,玄奘高深的佛法造诣引起了印度人的关注,觉得这个大唐人不同寻常,如果难倒了他,那么自己在印度的身价就会上涨。于是,印度人专门为玄奘开了无遮大会,要和他就佛法大义进行辩论。

玄奘也不胆怯,直接接受挑战,经过一番唇枪舌剑,他驳倒了当时印度最有学问的高僧,名声一下子传遍印度,甚至王公都出面请求他留在印度,并且愿意供养他。但是,玄奘拒绝了,他只想把原样的印度佛经带回大唐。

在印度待了几年后,玄奘认为自己已经学到了佛法,就带着数千部印度佛经回国。回到大唐后,玄奘被看作是神,又引起了轰动。李世民还请他还俗,到朝廷做官。玄奘拒绝了,他只接受李世民为自己找专为翻译佛经的住所大雁塔,然后就在那里召集一些高僧,专心翻译自己带回来的佛经。

如今,佛教在印度几乎已经消失,佛教经文也多半消失了,浩如烟海的佛教典籍却在中国有了家,得到了传承,这一切,都是玄奘的功劳。

佛教在中国扎下了根,影响也开始扩大,但对于普通老百姓而言,佛教的意义就是给中国多增加几个可以拜的神仙,而其中的哲学意境,却没有多少人能够理解。同时印度在许多方面都和中国不一样,所以印度的佛教在中国流传,就很容易出现歧义,这时,就需要一个人出来,根据印度佛教,创立属于中国自己的佛教文化。

慧能是南海人,在唐代,那里属于不开化的蛮荒之地,但再怎么蛮荒,人还是要吃饭的。而慧能家里很穷,只能以砍柴为生。有一次,慧能在街上的一家店铺里,听老板在读一部经文,一听之下,觉得心情非常舒畅,那些经文仿佛直入心里,让他豁然开朗。于是他就问老板念的是什么书?老板说这是《金刚经》,是从湖北黄梅的大师那里请来的。慧能听了,就决定去黄梅找这位大师学习佛法。

到了黄梅,见到了弘忍大师,慧能表达了想跟着他学习佛法的愿望。弘忍大师有些瞧不起这个不识字的广东人,就讥笑他说广东来的人还想学习佛法?慧能回敬说,人有南北之分,难道佛法也有南北之分吗?弘忍大师一听,喜出望外,认定慧能是个学习佛法的好材料,就收下他为徒,并准备把自己的衣钵传给他。

弘忍的想法,让他的其他弟子都不满意,大家都认为不能输给这个大字不识的广东人,眼见不能让老师回心转意,就起了杀心。弘忍大师不愿意见到慧能被伤害,就赶紧让他带着自己传法的信物离开,到外地躲起来。一直到十年后,慧能才出山,宣布自己是弘忍大师的传人,由此开创了中国禅宗一派。

慧能开创的佛教禅宗一派,虽然根出印度佛教,但二者的区别还是很明显的。在慧能之前,佛教的研习就是在打坐中钻研佛法大义,这种枯坐的研习方式,很容易让普通老百姓中想学佛法的人感到畏惧,同时,也不容易坚持下来。而慧能则认为这种学习方法是错误的,佛法的学习应该见性而为,这个性就是人的本性。也就是说,只有了解自己的本性,才能掌握佛法,那些苦读经文、打坐思考的方法,都不是正确的学习方法。

由于慧能自身社会地位低,又不识字,所以,他开创的佛教研习法,自然遭到了其他僧人的取笑,但在老百姓当中,却很受欢迎。毕竟,即使在大唐盛世,普通老百姓当中能识字的也不是很多。不识字又想学佛,和佛祖套近乎怎么办?那就选择跟慧能学吧。就这样,慧能的禅宗一下子就流传开了。

随着慧能的社会基础越来越牢靠,他的名声也越来越大,而他的弟子当中,又出现了几个有名望的人,一下子就在上层社会当中,把正统的印度佛教给盖下去了。在慧能去世后不久,中国传统的佛教正式分为南北两派,慧能的南派禅宗佛教正式出头。在以后的几百年里,禅宗不断扩大影响,与北宗佛教分庭抗礼,使得中国的佛教有了慧能禅宗的一片天地。

第四节　医家孙思邈

中国的传统医学中医,在唐代发展到了一个比较成熟的阶段,中医重要的典籍基本上都是在唐代成型,并被当时的医家编纂成文。在唐代,已经有了政府组建的专门的医药局,还有专门的医生考试。可见,在唐朝要吃医生这碗饭,还是不那么容易的。

唐朝出了一位有名的医生,叫孙思邈,这虽然是一位被神话的医生,但从历史上看,的确有这么一位人物。传说中最神奇之处不是他的医术高超,而是他的寿命。据说他活了一百多岁,这还是中医觉得不那么准确的岁数。真要按照中医典籍记载,孙思邈应该是一位不死之人。

虽然在寿命记载上存在着荒诞之处,但却不能掩盖孙思邈在中医上的贡献。孙思邈学医的理由很简单,就是因为小时候体弱多病,据说还得了当时的不治之症风疾,幸运的是他没有死。所以,他就立志学医,拯救世人。等到年纪稍大以后,就开始博览医学典籍,并且很快就学通了,然后开始行医。从天分上看,孙思邈应该算是一个中医天才,通过自学,他就掌握了中医的切脉、诊候、采药、合和、服饵、将息及养生之术。在学医的过程中,孙思邈非常谦虚好学,只要听说哪里有医术高超的医生,并且是自己没有掌握的技术,哪怕是相隔千里之遥,他也会赶去请教。

医术学成后,孙思邈也没有去大城市里赚钱,依然居住在乡间,为普通人看病。他治病的手段就是草药,由于效果很好,所以这种医疗手法,为他带来了很大的名声。

孙思邈积攒了一定的名气后,也有资格写书了。孙思邈从自己的专长出发,决定写一部有关药物的书。当时,大唐刚刚建立,战乱刚刚平息,许多医学典籍都在战火中毁弃了。而孙思邈所看到的医学书籍,尤其在药物方面,也存在着很多荒谬之处。治病救人,如果药物不对,不但不能救人,相反还会要人命。孙思邈知道这里面的重要性,于是花了好几年时间,写了一部药书《千金方》。三十年后,他又根据自己的行医经验,写了《千金方》的续集《千金翼方》,两部书加起来有六十卷,记载了几万个药方。由于这些药方都是孙思邈自己行医的实践,所以后人把《千金方》和《千金翼方》看作是中国第一部临床医学著作。

孙思邈是一个实践家,他的医学才能是自学得来的,所以他更看重实践效果。也正是这种实践精神,使得他能改变中医过于抽象的缺陷。在古代社会,伤寒是一种令人谈之色变的传染病。虽然在汉代就有名医张仲景的《伤寒杂病论》问世,但张仲景判断是否得了伤寒以及如何治疗伤寒,主要是采取比较抽象的六经辩证法,如果医生的文化水平低,估计什么是伤寒病都搞不清楚。而孙思邈则根据自己的亲身体验,推出了根据方剂主治及临床表现特点相结合的分类诊断方法来判断是否得了伤寒,并对症下药。这样的方法,自

然比张仲景更进了一步，为治疗伤寒做出了贡献。

从效果上看，孙思邈对中国古代医学最大的贡献就是注重实效，他已经认识到许多疾病都是由细菌引起的，因此，他提倡人在生活当中要注意讲卫生，饭前便后要洗手，至于清洁周围的环境卫生，也是他力主提倡的。

虽然孙思邈医术高明，但医家在唐代并不受重视，古代人信奉鬼神，远远超过相信医生。为了对抗迷信，孙思邈不惜拿自己做实验，证明一些搞迷信的方士是骗人的。方士最迷信的是炼丹，说不管任何人，只要吃了他们炼出的仙丹，长生不老是基本需求，能得道成仙才是服食仙丹的目的。当然，仙丹要炼成，花费不少，不是一般人能买得起的。但人间最有钱的是帝王，而李世民就信这一套，喜欢吃仙丹。

仙丹的成分现在已经很难说清，但基本的成分包括硫、汞、铅等有毒重金属，这些东西制作成的药，吃了能长生不老，那就太离奇了。但当时多数人就认为这玩意有用，哪怕当不成神仙，多活几十年也是好的。于是炼仙丹在当时是一个高端行业，虽然骗子多，但架不住有钱人往里面投钱。

作为大唐最有名望的医生，孙思邈曾经给皇室人员治过病，所以，李世民也知道他。为了让李世民迷途知返，孙思邈亲自上书劝李世民不要吃什么仙丹，他说那玩意没用，自己曾亲自吃过，除了对身体有害以外，只能让人变成鬼，绝对不能变成神仙。但李世民不听，想着自己也不是想当神仙，只想长生不老，这是服食仙丹的最低要求，难道就达不到吗？

真要这样,当帝王还有什么意思?

于是李世民拒绝孙思邈的劝阻,还是吃了从印度来的骗子炼的所谓仙丹。当然,李世民不但无法长生不老,还因为吃了仙丹,引发药物中毒,最后因为拉肚子导致脱水而死。

李世民死了,教训很深刻。孙思邈为此指出,人要想长寿,光想着吃仙丹是没用的,应该注重养生。他指出,人"多思则神殆,多语则气乏,多笑则脏伤,多愁则心慑,多乐则意溢,多事则形劳,多欲则志昏,多怒则百脉不定,多好则专迷不理,多恶则憔悴无欢",这些都会让人心情郁闷,导致短寿。所以要保持精神舒畅,就应该"少思,少语,少笑,少愁,少乐,少事,少欲,少怒,少好,少恶"。

作为古代医家,孙思邈的医学论述虽然存在着许多不足之处,但也足以代表当时最好的医学水平了。

第五节 唐诗的发端

唐诗的内容有多广?还真有人统计过,最后得出的结论是,唐诗的内容无所不包。也就是说,想知道唐代社会有什么东西,就去看唐诗好了。如此多的内容,得益于唐代有无数的诗人,他们用饱满的笔调,为我们后人生动地描绘出生机勃勃的唐代社会风情。

大唐是诗的国度,而在初唐时期,唐诗远没有日后那么繁盛,但已经露出了曙光。唐诗是从什么人开始写的,的确是一个难题,但把魏征列为开篇,也是有理由的,因为他是大唐开国之初的重臣,也是大唐盛世的奠基人之一。魏征是一个政治家、官员,写诗不是他的强项,但在人人都能写诗的唐代,作为一个文人,如果不写上几首诗,也是说不过去的。而魏征留下来的诗,恰恰最能反映诗歌的本质——言志。

　　中原初逐鹿,投笔事戎轩。纵横计不就,慷慨志犹存。

　　杖策谒天子,驱马出关门。请缨系南越,凭轼下东藩。

　　郁纡陟高岫,出没望平原。古木鸣寒鸟,空山啼夜猿。

　　既伤千里目,还惊九逝魂。岂不惮艰险?深怀国士恩。

　　季布无二诺,侯嬴重一言。人生感意气,功名谁复论。

这是一首著名的抒怀诗,即使只看内容,不看作者,也能感受到扑面而来的意气和抱负。唐诗的规格形成以后,不断需要人来填补其内容,在初唐,就出现了著名的初唐四杰,为唐诗的发展奠定了方向。

初唐四杰是指王勃、杨炯、卢照邻和骆宾王。这四人到底应该怎样排名,谁也说不清。而最有发言权的应当属当事人。针对四杰排名,杨炯曾经对人说"我愧在卢前,耻在王后"。这表明,杨炯不敢坐第一把交椅,但又不服气王勃排在最前面。虽然排名是小事,但也足以说明这四个人在唐诗上的艺术成就。

王勃排在第一,是因为他留下来的作品最多,而且叫得响的作品也很多,更引人注目的是他出名时年纪最小,属于典型的年少才高的天才人物,这样的人不排第一,也是没天理了。王勃《送杜少府之任蜀州》中的"海内存知己,天涯若比邻"是公认的送别诗中的翘楚。

由于初唐时唐诗初兴,所以诗歌不那么引人注目,王勃不仅诗写得好,当时最主要的文学体裁赋,也是他的拿手好戏。在去探望父亲的途中,王勃经过南昌的滕王阁,应当地太守的邀请,在滕王阁写下了千古名篇《滕王阁序》。在当时,赋这种文学体裁属于阳春白雪,没有两把刷子的人,是不敢在大庭广众之下当众写赋的。但王勃以弱冠之年,当仁不让地为滕王阁写了一篇赋,可以说是云霞满纸,字字珠玑,尤其是"落霞与孤鹜齐飞,秋水共长天一色",更是让日后千年时间里来到滕王阁观景的人,以能看到这种情景为乐事。

杨炯也是以神童出名的人物,这或许是他不爽王勃排在自己前面的原因。如果说王勃的诗清新缠绵,那么杨炯的诗就带有一种军人的粗犷和豪情。大唐初期,国势正盛,李世民大力开疆拓土,要打造一个盛唐天下。这时,军人容易出人头地,而当兵也是一件时髦而光荣的事。杨炯以书生身份,不在温室中看书,参加科举考试,却偏偏要投笔从戎,到边境去以刀剑拼杀博功名。"烽火照西京,心中自不平。牙璋辞凤阙,铁骑绕龙城。雪暗凋旗画,风多杂鼓声。宁为百夫长,胜作一书生。"他的诗中满是英武之气,没有半点读书人的绵软。

虽然杨炯有豪情,但没有好命,再加上为人轻浮,所以,在军队这个讲纪律的团体里,他注定与军功无缘,最后也是郁郁不得志,没有混出名堂来。

卢照邻是四个人当中最不得志的,而他又是一个心比天高的人物。他年少之时,曾师从当时的名家曹宪、王义方受小学及经史教育,博学能文。可以说,卢照邻小时候就是一个聪明伶俐的孩子,好学上进,刻苦用功。有着良好文学修养的卢照邻,当然也有着自己的人生理想和政治抱负,那就是做人中之杰,做一个对社会有所贡献的人。

卢照邻进入仕途很早,二十岁时就担任了王府的典签,替王爷掌管文书,虽然官职不大,但却很受王爷器重,当着众人的面,把他比作汉时的文学家司马相如。卢照邻的才华也在王府中显露出来,他曾经写过一篇赋,作品一出来,就被人争着拿去传抄,大有洛阳纸贵的赞誉。

虽然有才情,但卢照邻的官运却不好,转来转去,依然当着不入流的小官,这也让他很郁闷,导致身体出了毛病。而且他得的病还不是一般的病,是当时的不治之症麻风病和小儿麻痹。所以,他的仕途就更加渺茫了。为了治病,他曾求于神医孙思邈。但孙思邈除了安慰他之外,也难以治好他的病。就这样,卢照邻更加苦闷,但也无法可想。后来,卢照邻实在抗不过疾病的折磨,选择了投水自杀。

卢照邻的诗歌骈文都很出色,其中,犹以歌行体最为出色,最著名的诗句就是"得成比目何辞死,愿作鸳鸯不羡仙",更被后人誉为爱情的经典名句。

初唐四杰最后一位是骆宾王。我们熟悉他,是因为他在七岁时就写了一首《咏鹅》,虽然这首诗很稚嫩,但谁让它的作者是一个七岁的小毛孩呢?现代社会条件下,七岁的小孩也就刚刚把话说清楚了,但骆宾王却能写出一首诗,他不是神童,谁是神童?

当然,骆宾王如果只写了这么一首诗,也不会有神童的美誉,最重要的是他日后因为对抗武则天而写了一篇《讨武曌檄》,正是这篇檄文,让骆宾王成为流传千古的文人。据说,当初武则天看了这篇赋,先很生气,看到最后,却笑了起来,称赞说,这样的人才造反,是宰相的过错啊。

骆宾王只是一个书生,却自不量力要去和政治强人武则天对抗,下场自然好不到哪去。对于骆宾王的结局,历史上的记载是不知所踪。其实,在乱军当中,骆宾王被杀的可能性更大。但人们宁愿相信骆宾王没死,更多的应该是怜惜他的才华。

初唐四杰的命运都不好,但他们所开创的唐诗题材,如挡不住的洪流,在大唐文艺的天地里,滚滚而来。

第十四章

那些花香之二

大唐文化的繁荣

第一节 观天人

中国的封建帝王,对天象最为讲究,李世民和李隆基能坐上皇帝的位置,都和当时的天象有关。皇帝重视天象,但不等于鼓励大众钻研天文。在他们看来,上天的秘密只能自己知道,让老百姓知道就不妙了。所以只有专门的人才,才能获准观测天象。虽然在封建王朝,多数天象都是唬人的,但依然有很多人在探索天象的秘密。一行就是当时最为著名的天文学家。

一行出身勋贵之家,他的曾祖父是李世民手下的大将张公瑾,受封国公,画像上了凌烟阁。出生在这样的家庭,一行自然会受到良好的教育。他也非常好学,遇到问题就喜欢思考,尤其对于天象,更是着迷,一看就是一晚上,对于历法、天象方面的书籍,爱不释手,几乎把能找到的天象方面的书都看全了。

一行小时候就表现出不一般的聪明才智,记忆力尤其超群。有一次,他找一位道士尹崇借一本汉代扬雄写的《太玄经》看,没几天,就把书还回去了。尹崇说:"这本书博大精深,我研究了很多年,还没明白到底写的什么。你不用急着还我,慢慢看。"一行却说没那么难,他已经知晓这本书的意思了。说完,他拿出自己写的读书心得和对其的注释——《大衍玄图》给尹崇看。尹崇没想到一行在这么短时间内不但看完了,还能写出一本注释,不由得赞叹他真是神童。

名气大,再加上是勋贵的后代,自然就会有人来巴结了。当时正是武则天当政时期,武则天的侄子——梁王武三思听说一行有这么大的名气,就想把他招揽到自己身边,也让自己涨涨人气。于是派人带话给一行,说梁王想和他交个朋友,请他到府中谈谈。

武三思当时因为是皇帝的侄子,巴结他的人想上他的门都没机会,而一行却是武三思亲自派人请他上门,这里面的区别自然是大了。没想到一行讨厌武三思的为人,不愿意和他结交。想着就这么拒绝吧,又会惹祸上身,于是他就跑到了嵩山。

在嵩山,一行遇到了会善寺的住持普寂,两人一谈话,一行对普寂的学问非常钦佩。于是就拜普寂为师,在会善寺出家,当了和尚,法名一行。一行当和尚可不是玩玩,经过几年的钻研,他对佛法的领悟就到了大师级别,最后还成为唐代密宗的领袖人物。

在寺院里,没有人打扰,一行也就能专心研究天文,不久就因为名气大,引起了李隆基的注意。皇帝的心思都是一样的,了解天文的人,不能脱离自己的视线。于是就把一行召到了自己身边,专门负责天文工作。

因为懂天文,一行被李隆基重用为掌管钦天监的实际负责人。当时大唐用的是《麟德历》,是唐高宗时著名天文学家李淳风编的。虽然李淳风名气大,但他编的历法在这个时候已经和天象运行不相符了。如果老拿错误的天象书当历法,会让老百姓觉得不严肃,皇家的声威也会受影响。所以李隆基就让一行负责,制定一部新的历法出来。

接到任务的一行,果然不负皇帝所托,他考察了历代的历法后,认为要想做到和天象运行相符,就必须有准确的测量工具。在那个时代,连地球是圆的都不知道,能造出什么样的精准测量工具?但一行的聪明就在于在现有的世界观上,创造出最精密的天文仪器。

没过多久,一行就制作出了一架全新的浑天仪,根据这台浑天仪进行天体观测后制定的历法,和天体运行的结果就非常符合了。而一行负责编制的《大衍历》,也一直沿用了下来。

有了新仪器后,一行对天象的观察,也更准确了。在观察中,一行发现以前被认定位置不动的恒星,在位置上和古书记载的位置有不同。这就说明恒星不是固定不动的,它也会移动。想想看,一行能参考的古书,最多也不过千年左右,而恒星一千年移动的位置,对于地球上的人来说,简直就和不动没什么区别。但一行就认定了恒星是移动的,这个结论比后来的哈雷提出恒星不恒的结论早了一千多年。

测量子午线是建立现代天文学的基础,一行所处的时代,自然不可能知晓这个问题的重要性,但他却做了一次测量子午线的尝试。子午线是假设的一条通过地球南北两极的经线,测定子午线的长度,就能测知地球的大小。

当时测量子午线的方法和后来欧洲人测量子午线的方法是一样的,就是在全国各地定下几个点,然后在同一时间测量太阳在地上投影的长度。一行选了十三个观测地点,其中最北端的观测点在今天蒙古国的乌兰巴托西南,最南端的观测点则在今天的越南中部。通过测量,一行发现典籍中记载的"日影千里差一寸"的结论是错误的,应该是每隔三百五十一里多一点相差一度。这个结论换算成现在的数字就是子午线每一度是123.7公里,而目前用现代仪器测量的数据是每度110.6公里。虽然数据相差比较大,但想想在那个年代,能达到如此程度,已经是非常了不起了。

一行的寿命不长,只活了四十四岁就去世了,但他所编撰的《大衍历》却成为当时最先进的一部历法书,后来还传到了日本。一直到明朝时西洋历法传入,才对其进行了修改。算起来,这部《大衍历》在中国沿用了一千年。

第二节　山水田园派诗人

大唐是诗人的国度,杰出的诗人层出不穷,而开元盛世所创造的舒适的生活环境,更是滋生诗人的土壤,由此涌现出大唐诗坛各种流派。

首先在大唐诗坛上露脸的是山水田园派,这一派诗人最出名的有两个,一个是孟浩然,一个是王维。孟浩然是大唐第一个写山水诗篇的,而且成就也是最高的。从出身来看,孟浩然的出身不低,属于书香门第,因此,受教育比较早。在他二十岁游玩鹿门山时,就写了一首《题鹿门山》,这是典型的山水诗作,他的诗风也由此定型。一代大师,在二十岁就树立了自己的风格,也足以说明他的成就之大。

大唐虽然在李世民时代起,就确立了科举制度,让读书人通过考试获得做官的资格,但在名门眼里,靠考试做官是寒门子弟的追求,有名望的人一般都不屑于走这条路,他们希望依靠自己的名望,由别人举荐做官,也就是皇帝求着来做官,要的就是这个谱。只不过大唐是有制度的,确定了科举考试,要想做官,就一定要拿到进士的文凭。

孟浩然出身不低,出名也早,自然不想去走考试的路。但他又想做官,只能到长安去游学,认识一些权贵,再由他们举荐自己,由此实现步入官场的梦想。于是孟浩然在二十五岁到三十五岁的黄金年华里,把所有的精力都用在了结交权贵上。不能说他不努力,而且他运气也不错,因为他认识了李隆基的宰相张说。只不过那时靠举荐做官已经很难行得通了,所以孟浩然在荒废了几年后,在三十九岁的年纪,只得承认现实,去参加科举考试。

有了参加科举考试的心,却没有考中的命。落第之后,孟浩然认为自己没有走仕途的命了,也就不再想着当官,干脆,做一个开创一派的诗人好了。于是,他离开了长安,开始了自己的漫游之路。

在游历期间,孟浩然的名气大涨,成为众多诗人仰慕的

对象，大家都以能认识他为荣，至于他开创的诗派，则更是被人仰望的高峰。

由于孟浩然的经历比较简单，所以他诗歌的专度是最高的，基本上都是写山水田园和隐居的逸兴以及羁旅行役的心情。他的山水诗不是简单地描绘山水的外形，也不是把自己的情感加进去就算完事，而是把山水形象的刻画与自己的思想感情及性情气质的展现合而为一，因而使其山水诗中形象的刻画达到了前所未有的高度。读孟浩然的诗，因为突破了固有程式的局限，看不到受到格律的束缚，只感觉出行云流水一般的自然，所以读起来别有韵味。而作为早年就确立自己风格的诗人，孟浩然有时间去雕琢自己的诗风，也正因为孟浩然的专注度高，所以很容易写出精品，精品的数量也多。

山水田园派另一位代表人物王维，和孟浩然是朋友，经历却截然不同。王维属于那种很难遇到的天才人物，任何新鲜的东西，要么不学，只要学了，就能学到顶尖程度。所以，这样的人学写诗，写出来的诗歌也是一流的。

和孟浩然相比，王维的仕途之路比较顺畅。他在十五岁那年，就到长安去参加科举考试，由于他能写一手好诗，画一手好画，还精通音乐，这样的天才少年，在盛世长安那就是香饽饽，一下子就成了长安城中权贵之家的座上客。其中唐皇室的金城公主对他最为欣赏，曾经对他说，以前看王维的诗，还以为是古人，没想却是你呀。

正是因为有贵人相持，所以，王维在二十一岁时就中了进士。要知道，进士科考试是大唐第一国考，每次只录取十几个人，许多人考一辈子，都难以考上。而二十一岁的王维，却走完了别人在科举路上一辈子都走不完的路，已经不能用幸运来描述他了。

虽然有了当官的资格，但像王维这样性情的人，是不可能在行政事务上有什么能力的。所以王维当的官，基本上就是有待遇没责任的闲职。这对于有抱负的人来说，是一种耻辱，但对于王维这样搞艺术的人来说，却是一种恩赐。从此王维过着生活上衣食无忧、居住地有山有水的神仙日子。

日子舒适了，创作的高峰自然就来临了。王维的诗歌，在当时达到了艺术成就的最高峰，得到了杜甫等人的高度推崇。王维后期的诗人，都在诗风上受到了他的影响。

王维是个多才多艺的人，这种才能全部都被他体现在诗歌创作里了。他是画家，而他的诗歌里散发着一股浓浓的画意；而他又是一名诗人，欣赏他的诗歌，又如同在欣赏一幅山水水墨画，所谓"诗中有画，画中有诗"。以后无数人想学这种风格，但都只学到了皮毛，千年来，没有一个人能达到他的这种水平，就更不要说超越了。

如果王维一直保持这种心态，那么他的艺术成就会更高。不幸的是，安史之乱打断了他的创作之路，更不幸的是李隆基逃跑时，把他落下了，让他成为安禄山的俘虏，也就成了大唐的罪人。好在安禄山气运不长，王维摆脱了叛军的控制，重回大唐的怀抱。

作为一个有污点的官员，王维仕途不可再进，只能小心翼翼地过日子，这让他更贴近佛教，并成为居士。而研习佛教，又深深影响了他的诗风，让他的作品里，带上了浓浓的禅意。

王维是性情中人，虽然生活的经历让他不能充分展现他的艺术家性情，但在他的诗歌中，却完全得以流露。任何人只要看到王维的作品，就能知晓他是一个怎样性情的人物。

第三节　边塞诗人

大唐的影响力，不仅仅是靠文化来传播的，武力的强盛，也是大唐名声日隆的根本原因。开元盛世时代，大唐国力强盛，已经有底气拿着刀枪去教训敢于和大唐叫板的人了。在沙场建功立业，就成为许多读书人的向往。

就是在这种思想的感召下，许多文化人走上从军之路，而开创了边塞诗风的王昌龄，就是其中比较特别的一位。

王昌龄家境贫寒，所以，要出人头地，只能走科举之路，他的运气也不错，一考就考中了，从此就走进了大唐公务员队伍。成为公务员后，王昌龄的诗名也开始显现，尤其是律诗，可以说无人能比得上，有这能力，也让王昌龄在诗人当中很吃得开。孟浩然、李白、杜甫等人，都是他的粉丝。尤其是孟浩然，在遇到王昌龄后，非常高兴，不顾自己大病初愈，又和他一起喝酒、吃海鲜，结果酒喝完了，自己的命也送掉了。

由于在律诗创作方面坐上了大唐的第一把交椅,王昌龄感受到了那种没有对手的寂寞,想着开拓自己的诗风,决定换个生活环境。这一换,就换出了格,他跑到边塞去当兵了。

边塞风光和军营粗犷的生活,开阔的不仅是诗人的眼界,更是胸襟。此时,王昌龄再写律诗,就不是那种在官舍里玩弄辞藻和描写风花雪月了,而是展现了一种波澜壮阔的豪情。哪怕是写那种小资情调十足的送别诗,也能让人感受到一种勇往直前的情怀。

王昌龄的边塞诗,从内容上看,主要是描写战士爱国立功和思念家乡的心情,内容虽然很常见,但王昌龄有着文人的敏锐观察力,能捕捉到常人注意不到的情景,并将这些情景概括起来,配上无边的想象力和圆润蕴藉的语言以及婉转和谐的音调,一下子就能把人带入到他所描绘的场景当中。

作为诗人的王昌龄,其成就无人可比,但最后的结局却有些悲凉,与拿命陪他喝酒的孟浩然一样,他死得很不值得。他因为和上司闾丘晓发生了冲突,就被恼羞成怒的上司给杀了。王昌龄的死让很多人感到惋惜。后来宰相张镐为王昌龄报仇,抓住闾丘晓的一个小错就要砍他头,闾丘晓求饶,说自己有老母要赡养,张镐说,你有老母,难道王昌龄就没有老母吗?

诗人大才,有如此知音为自己报仇,王昌龄也能含笑九泉了。

开创了边塞诗风的王昌龄,为大唐诗坛注入了一股新

风,也竖起了一个路标,让无数诗人跻身于这一新的诗风当中。

边塞诗人的代表人物岑参,出身于权贵之家,他的祖父当过宰相,父亲也是刺史。但在他十岁时,父亲去世,人一走,茶就凉,岑参没有了官二代的身份,一切都只能靠自己了。好在岑参还比较好学,十五岁时就遍读经史文章,奠定了学业基础。到二十岁时,来到长安,想依靠家族的关系求官,但不成功。只好摘掉贵族的面纱,去参加科举考试。没想到别人认为很难的进士考试,根本就难不住他。就这样,不靠家族的余荫,岑参也拿到了做官的资格。

当官都是从基层做起,而岑参选择的基层却是到名将高仙芝手下当管理文书的官员。他跟着高仙芝,来到了边关。或许是身边人太耀眼,一次出塞,他没能显示出什么才能,也没能高升。回到长安后,岑参壮心不已,不想在和平的环境里消磨自己的一生。于是他又到另一个名将封常青那里当下属,跟随他再次出关。

这一次由于他心情不一样,所以再看边塞风情,就有了不一样的感受。这种变化,使得他的边塞诗有了很大的长进。在边塞,整天和一些大兵在一起,大兵的气质消融掉了他身上的文酸味,也让他的诗歌眼界空前开阔。

岑参边塞诗的基调雄奇瑰丽,浪漫色彩浓厚,火山云,天山雪,热海蒸腾,瀚海奇寒,狂风卷石,黄沙入天等异域风光,全都被他写进了自己的诗歌当中,边塞诗的艺术题材和境界,一下子被岑参推到了新的高度。

在收获了诗歌创作的丰碑后,岑参的官运也出现了转机,一路升迁,最后做到了刺史这一级别,成了封疆大吏,直到五十六岁病逝。

与岑参齐名的另一位边塞诗人是高适。他的身世比较悲惨,是一个孤儿。虽然贫贱,但他性情豁达,喜欢交游,让人感觉有大侠的风气。由于家贫,他到处游走,看有没有人能赏识自己。蹉跎了好几年后,终于在别人的推荐下,去参加进士考试,并且成功中举,被派到地方当一名地方军队里的中级军官。官场里,迎来送往的事自然是少不了的,像高适这样的小官,肯定要花大力气去伺候上级,这让他很不习惯。于是,没多久,他就辞职不干了。

在外面混了几年后,高适投到了名将哥舒翰手下,当他的秘书,并跟着哥舒翰出塞,在边关建立功业。高适生活的时代,正是盛唐时期,而哥舒翰又是名将中的名将,和这样的人在一起共事,各方面的收获都不小。在边塞诗歌创作上,他和岑参有些不同,他注重写人,而不刻意去描写景致。他的诗歌中,爱国情绪是主旋律,将领的爱国热情是他讴歌的主要内容。正是因为对将领和士兵的歌颂,让高适在军队里混得很开,这直接导致他官运亨通。

大唐的诗人当中,官做得最大的就是岑参和高适。岑参当到了刺史,而高适更不得了,最后当到了剑南节度使,还被封侯,这在大唐诗人中是独一份。可以说,高适属于大唐又红又专的人才。

第四节　诗仙与诗圣

终于要说到李白了。李白是唐诗的标签和名片,更代表了唐诗的成就。

李白才气过人,志气恢宏,一心想实现治国安邦的宏大理想。这样的人,想让他规规矩矩去参加科举考试,然后一步步熬资历,成为宰相一级的人是不现实的,他也没有这个耐心。李白所想的就是展示自己的才学,得到帝王的赏识,然后一步登天。这种想法可以说很天真,即使皇帝答应,聚集在皇帝身边的官员也不答应。

就这样,李白和皇帝身边的官员们就产生了矛盾,相互看不惯。官员们看不惯李白,自然就会排挤他,不搭理他;而李白则用自己的才气,笑傲权贵,虽然不能当官,但同样流芳百世。

李白在求官的经历中,曾经一度离实现自己的理想很近,他的诗名得到了李隆基的首肯,并把他召进了皇宫,任命为翰林。这个职位一般是要通过科举考试,而且还必须是前几名的人才有资格得到的,但李白当了翰林,天下读书人都服气,这说明李白的名气真不是吹的。

但才气大,并不等于做官的能力大,相反,李白的性格决定了他不是当官的材料。凡是李隆基身边的人,只要他看不惯,就会被他戏弄。这些人非常恼火,就总在李隆基面前说李白的坏话,阻止李隆基提拔和任用李白。

就这样,李白知道自己在宫里混不下去了,在官场就更不能待了,索性离开长安,开始漫游。这一时期,李白的生活虽然很窘困,但他却不向命运低头,依然高唱"人生得意须尽欢,莫使金樽空对月",结交所能结交的一切人。哪怕是平民百姓,只要对他的胃口,他都能把对方当朋友,这也让李白在民间获得了更大的赞誉和名气。

安史之乱爆发后,李白觉得自己又有了用武之地,马上投身到永王的勤王军队。没想到,永王想趁乱当皇帝,兵败后被处死,李白也受到牵连,被发配到夜郎。走到半路,被皇帝大赦,就来往于安徽一带。唐代宗即位后,想到了这位大才子,任命他当左拾遗。没想到,任命书还没送到,李白就去世了。

李白是天才型的诗人,他的诗风想象奇特,夸张大胆,气魄豪迈,瑰丽清新,几乎凡是能想到的赞美,都可以用在他的身上。可以说,李白的诗歌开拓了唐诗的新境界。

作为一个天才诗人,李白在生前就获得了大名,虽然这种名气没能为他带来富贵,但却为大唐留下了一位永恒的诗人。

说到李白,就不能不说杜甫,李白和杜甫是大唐诗坛的双子星,代表着两种不同风格的诗风。从家世上看,杜甫出身于官僚家庭,先祖是西晋名将杜预,祖父在大唐官居官膳部员外郎,是为皇帝负责饮食的,还有一个身份是诗人。正是因为家境优越，杜甫从小就接受了良好的教育。在七岁时，杜甫就显示出了自己是块读书的料，被周围的人看成是文学家一类的人。

因为出身好，所以杜甫在小时候，就能结交一些有名的人物，他看过公孙大娘舞剑，听过歌唱家李龟年唱歌，这种生活，在当时不是每个人都能享受到的。到了二十岁的时候，杜甫开始了漫游生涯。这期间，他结识了无数大唐有名的诗人，如李白、高适等人，由于年龄比他们小，所以，他只能跟在他们身边，仿佛粉丝追名人一般。

过了一段无忧无虑的漫游生活后，杜甫觉得不能再这么玩下去了，就到洛阳去参加进士考试，准备当官。考试前，杜甫对自己很有信心，但却没有考中。杜甫没有灰心，而是来到长安，准备参加李隆基亲自下令举办的特种选材考试。没想到，李林甫担心这群人里面有人会超过自己，干脆一个不取，向李隆基报告说，所有人才都已经在朝廷里了，现在的这些人都是没用的。就这样，杜甫当官的希望破灭了。

无法通过进士考试步入仕途，杜甫只好另寻门路，那就是以自己的诗才，奔走于权贵之家，希望能得到推荐。这一番功夫没有白费，好歹混到了一个管理兵器库钥匙的小官，而此时，他已经四十多岁了。

在杜甫蹉跎的这些年里，大唐盛世也走进了尾声，近在长安，杜甫更多地看到了权贵的奢侈生活以及皇帝李隆基的荒怠政事，危机日益降临。此时，杜甫开始怀抱忧国忧民之心，这段时间的诗歌创作题材,大都以反映现实为主,写出了一段大唐由盛转衰的历史。

安史之乱爆发后,杜甫也饱尝了战乱之苦,逃难、被俘,好不容易跑到了唐肃宗身边。或许是被他的忠诚感动,唐肃宗任命杜甫为左拾遗。但不到一个月,他就因为敢言得罪了皇帝,被罢官,贬到地方去当参军。

几年后,对大唐失望的杜甫弃官,开始了晚年的漂泊生活,一直流落到成都,靠着高适等人的帮助,才算在成都有了一所草堂。虽然人安置下来了,但杜甫的心境却没有平静。在这漂泊的十多年里,他写了一千多首诗,其中有不少流传后世的优秀作品。公元770年,在漂泊中的杜甫,病死在一条破船上。

杜甫一生忧国忧民,他所创作的诗歌,无论是抒情还是叙事,都饱含着伤时忧国的情怀,反映动荡的时代,所以被后人称为"诗史"。

第五节　一笔字,一首诗,同是大唐奇异花

盛世大唐,自然会造就一个文艺的盛世。在大唐,要当官,没有一笔好字是没指望的。因此在当官之前,首先要练一笔好字。

张旭在唐朝是以书法出名的,但他不是写那种规矩的楷书,而是开创了另一种书体——草书。

张旭能成为书法家,得之于家传。他的母亲是大唐初期第一书法家虞世南的外孙女,由于家学渊源,让他很小就受到了书法艺术的熏陶。

从性格上看,张旭为人洒脱,不拘小节,再加上才华横溢,学识渊博,喜欢结交名人雅士,因此,在年轻时就有了名气。张旭喜欢喝酒,一喝起来,不喝醉就不停杯,喝醉了就大喊大叫,四处乱跑,等到闹腾够了,就拿起笔来写字,这样的状态下,当然是草书最能体现性情了。他书写的技法很奇特,不仅用笔写,还能用头发蘸墨写字,而且写得同样漂亮。

因为这样的性情,当时就有人给他起了个外号叫张颠,也就是疯疯癫癫的意思。其实,他为人非常细心。在他看来,日常生活中所触到的事物,都能启发自己写字。所以,他只要在日常生活当中被所见到的事物感动,就会将其熔冶于自己的书法中。当时人们只要得到他的片纸只字,都视若珍品,世代珍藏。据说,张旭的一位邻居曾经写信给他,向他求援,希望能借些钱度日。张旭同情他,就回了一封信。在信上说,你把这封信拿到街上去卖,就说是张旭写的,卖个百两银子是可以的。邻居不信,就拿去街上卖,结果要买的人抢破了头。

张旭的书法以草书成就最高,他最开始是学王羲之和王献之父子,后来又效法草书大家张芝,创造出潇洒磊落、变幻莫测的狂草来,其状惊世骇俗。当时的书法大家颜真卿,对他最为钦佩,为了能向他学习书法,竟然两次辞官,就为了能跟他学习怎么写字。要知道颜真卿的字体是写字的标准字体，这样一位书法大家，都不认为自己能跟张旭平起平坐，要去当他的学生，可见在当时张旭的书法成就之高。

张旭的书法功力深厚，并以精能之至的笔法和豪放不羁的性情，开创了狂草风格的典范。草书之美其实就在于信手拈来，一气呵成，让人看了，有痛快淋漓之感。张旭性格豪放洒脱，只要灵感到来，不管在什么地方，都要赶紧写字。找不到桌椅，就把宣纸铺在地上，用长发作毛笔，直书狂草，犹如醉酒当歌，非常洒脱自在。在他的狂草作品中，精到的笔法对书法形式和点线运动节律的控制力表现出了高度的艺术境界。有人对他是如何练成这样的书法绝技很感兴趣，就问他秘诀在哪里。他说："我听说公主与挑夫争着走路而悟得草书笔法的意境。后来观公孙大娘舞剑而悟得草书笔法的神韵。"话说得神秘，更让人觉得他的书法技艺来自天生。

后人评论大唐的书法名家，把哪一个算作书法大家，都有人不服气，但一说到张旭，却没有人表示异议，这就是实力。

大唐诗人众多，有许多人是凭借一首诗出名的。当然说是一首诗，不是说他们只写了一首诗，而是这首诗写得太好了，其余的作品就不被人提及了。这里面，最有名的就是张若虚，他的《春江花月夜》被誉为"孤篇盖全唐"，能得到如此赞誉，可见这首诗歌的成就之高了。

张若虚在盛唐时的名气很大，和贺知章、张旭以及包融

一起,被称作"吴中四士",这四个人都是以文词俊秀而闻名,可见他写诗的功夫不差。只不过他的诗歌大都没有流传下来,在《全唐诗》里,只有他写的两首诗。但其中的一首《春江花月夜》就让他赢得了伟大诗人的名号,也让后人知道了大唐还有这么一位诗人。

《春江花月夜》是一首乐府题材的诗歌,或许是因为题材老旧,格律都被人写滥了,所以这首诗在大唐诗坛并不出名。在唐代出版的诗集里,几乎都没有收录这首长诗。甚至到了宋元时期,也没有人把这首诗当一回事。但幸运的是,这首诗没有像张若虚其他的诗歌作品一样失传。宋朝人郭茂倩在编写《乐府诗集》时,把《春江花月夜》作为教材,收录了进去。这一次看似无意的收录,为日后这首诗大火埋下了伏笔。

就这样,《春江花月夜》静静地躺在诗歌选集里,徜徉了数百年,一直到明朝嘉靖年间,这首诗才慢慢受到重视,各个书商出版诗集时,都会首选《春江花月夜》,不然就会被人笑话没文化。《春江花月夜》真正扬名诗坛是在清朝,尤其是清末学者王闿运对这首诗大加称赏。他说,张若虚《春江花月夜》用《西洲》格调,孤篇横绝,竟成大家。李贺、商隐,挹其鲜润;宋词、元诗,尽其支流,宫体之巨澜也。而近代学者闻一多,更是对这首诗推崇备至,他认为这首诗具备强烈的宇宙意识,有被宇宙意识升华过的纯洁的爱情,又由爱情辐射出同情心,这是诗中的诗,顶峰上的顶峰。

张若虚写《春江花月夜》采用的是乐府《清商曲辞·吴声歌曲》旧题。创制者是谁,到现在都没有考证清楚,或说"未详所起",或说陈后主所作,或说隋炀帝所作。一些乐府诗集里也都收集了这些人的作品,但无论从哪方面看,都无法和张若虚的《春江花月夜》相比。这种故旧的创作题材,到了张若虚手里,才算重新焕发了迷人的色彩,也让人认识到故旧的格律,还是能写出不朽的诗篇的。因此,后来的研究者就把《春江花月夜》这首诗的名字当作这一题材名了。

一首诗,代替了一个古老的题材,这就是大唐诗歌的魅力。

第十五章

那些花香之三
夕阳无限好

第一节 韩愈、柳宗元的文化复古运动

大唐进入晚期,经济、政治全方位倒退,国家实力大幅下降,很容易让人在各方面引发怀旧之情。但在文学方面,由韩愈和柳宗元发起的古文运动,却不是简单意义上的怀旧,而是一种对文学体裁的革新。

在唐朝,有一种文体很盛行,那就是骈体文。骈体文是从六朝时期的南朝发展而来的,讲究对仗工整,喜欢在文章中用大量的典故,有时很简单的一件事,却要绕山绕水、兜兜转转地写上一大堆辞藻华丽的句子,却远离了文章的中心思想。

虽然骈体文中有很多优秀的文章,但发展到后来,却因为形式僵化,而成为文学发展的阻碍。一些人为了掩盖自己才学上的不足,就挖空心思地在文章中使用大量难懂的典故,让整篇文章看起来对仗工整,却不明白到底写的是什么,以此来表明自己才气过人。

骈体文的局限和落后,在隋朝时,就有人提出来了,隋文帝还专门发布过命令,禁止官员在奏折中写那些言之无物的浮华辞藻,但效果不大。进入唐朝后,李世民是一个喜欢骈体文的皇帝,上有所好,整个大唐的文风就跟着皇帝的喜好转了。

韩愈是中晚唐时期的大文豪,也是文坛领袖,他的诗歌

也写得比较出色,还开创了中晚唐的韩孟诗派。他写的诗,不管是反映社会现实,还是描述文人的失意及个人遭遇,都写得很有特色。从诗歌上看,韩愈的气魄比较宏大,表现出了相当的才气。为了矫正大历诗的平庸熟俗,他探索了诗歌发展的新路。

更难能可贵的是,韩愈不仅是诗人,还是许多大唐诗人的知音和引荐者。如贾岛、李贺都是在他的推荐下,才扬名诗坛的。这样的人出来主张一种文体,当然会得到许多文人的赞同。文坛需要热闹的气氛,有了这样的气氛,韩愈提倡的古文运动,就很容易成为文坛上的主流运动了。

韩愈不喜欢骈体文,他利用社会上崇古的风气,指出骈体文不是真正的古文,应该学习秦汉时期的文风。韩愈等人认为,写文章就应该以"载道"和"明道"为主,也就是"文以载道",要以道为主,文只是手段和形式,而道才是目的。而且,韩愈还认为一个作家要写出文章,仅靠聪明是不够的,要重视个人的道德修养,重视写真情实感,还要有独创精神,不能把自己局限在古人的思维里,一篇文章写过多的典故,是不必要的。

韩愈真切地在文学创作中实现了自己的主张。赋、诗、论、说、传、记、颂、赞、书、序、哀辞、祭文、碑志、状、表、杂文等各种体裁的作品,韩愈都得心应手,也都有卓越的成就。

论说文是韩愈成就最高的作品,他的论说文构思奇特,笔触幽默,布局也非常严谨,文笔多变,让人看了爱不释手。

韩愈不主张用典,对于提炼口语,做得非常到位。如"同工异曲""蝇营狗苟"等朗朗上口的词语,都是韩愈提炼出来并得以流行的。

韩愈正是因为在古文方面的成就很高,才得到后人的赞誉。杜牧就把韩愈的古文和杜甫的诗并列,称之为"杜诗韩笔"。

柳宗元出身于官宦家庭,而且在科举考试中,也比较顺利,年纪轻轻就当了官,再加上有很强的政治抱负,参与政治比较积极。但在其参与的王叔文集团改革失败后,柳宗元就走了下坡路,在政治上难有起色,于是开始转向,投入到文学创作中。

柳宗元的诗歌很出色,尤其是五言绝句,在当时的大唐诗坛上无出其右。他的诗歌多抒写抑郁悲愤、思乡怀友之情,幽峭峻郁,自成一路。最为世人称道的,是那些情深意远、疏淡峻洁的山水闲适之作。

诗歌写到这个地步,足以让柳宗元不朽,但诗歌写得再好,也不是开创性人物,而提出文章复古,柳宗元可以当仁不让地举起开创大旗。和韩愈的复古主张不同,柳宗元主张借用古文的体裁,但要写出与时代相符合的思想。而韩愈则主张恢复古代的儒学道统,把改革文风与复兴儒家道统结合起来。同时,韩愈是一个激烈的反佛主义者,对当时皇帝崇佛表示强烈的愤慨,并因此遭到了皇帝的贬黜。而柳宗元对佛学有着很浓厚的兴趣,在他的哲学思想里,就把儒家和佛家

的思想进行了结合。

在散文成就方面,柳宗元的杂文非常出色,其特点就是笔锋犀利,论证精确。在游记、寓言等方面,柳宗元同样为后世留下了极其优秀的作品。如《永州八记》已成为中国古代山水游记名作,而《小石潭记》的写法极具技巧性,在开头用未见其形,先闻其声的写法展示小石潭,然后以鱼写潭,则潭水之清澈可以想见;以鱼写人,则人羡鱼乐之情溢于言表。柳宗元一路写下来,其状形、传神、布影、设色,笔墨经济,展现了高超的文学技巧。在结尾,又以清寂幽邃之境,写出了一种凄寒悄怆的感慨,达到了情景交融之境界。

这些优美的山水游记,生动表达了人对自然美的感受,丰富了古典散文反映生活的新领域,从而确立了山水游记作为独立的文学体裁在文学史上的地位。因其艺术上的成就,被人们千古传诵,推崇备至。

柳宗元推崇先秦两汉文章,提出要向儒家经典及《庄子》《老子》《离骚》《史记》等学习借鉴,博观约取,以为己用。而秦汉文章,以寓言见长,柳宗元在文学创作上,也写了不少寓言故事,《黔之驴》《永某氏之鼠》等,成为古代寓言名篇。"黔驴技穷"更是成为成语,家喻户晓。有的寓言篇幅虽短,但也同他的山水游记一样,被千古传诵。

第二节 诗人间的冲突

大唐是诗歌的国度,即使在国运走向衰败时,诗歌的创作依然没有停歇。晚唐气象,自然不能和盛唐时期相比,诗歌创作的内容和表现手法,也出现了转折。这其中,影响最大的就是白居易。

白居易有胡人血统,这在当时就已经不是什么秘密了。所以从身世上看,白居易存在着短板。但由于人聪明,他还是以进士的身份,走入了大唐的官场。

在做官方面,白居易没有什么天分,一生中的大好年华都只当了一些小官,在晚年才成为封疆大吏。因为官场不得志,白居易在官场上的进取心熄灭,转而热衷于诗歌创作。正是这一转变,使得大唐诗坛在李白、杜甫之后,又隆重推出了一位诗王。

白居易的诗歌主要以反映现实为主,这在大唐的诗坛上也不是特别新鲜,但他的诗歌创作形式,开创了一代诗风。因为白居易的诗通俗易懂,基本上都是一些大白话,即使没文化的人,只要听一遍,就知道是什么意思。这种通俗文学式的创作方式,一下子就让白居易的诗歌走红了。

但是不要以为白居易的诗歌形式通俗,在内容上就也通俗。假如真是这样,那打油诗也算是诗歌了。白居易在诗歌创作上主张语言需质朴通俗,议论需直白显露,写事需绝假纯真,形式需流利畅达,具有歌谣色彩。也就是说,诗歌必须既写得真实可信,又浅显易懂,还便于入乐歌唱,才算达到了极致。

理论鲜明,自然也就在诗歌创作上有章可循了,白居易用自己的诗歌实现着自己的主张。《琵琶行》和《长恨歌》是白居易写得最成功的作品,其艺术表现上的突出特点是抒情因素的强化。与此前叙事诗的长篇大论相比,这两篇作品虽也用叙述、描写来表现事件,但却把事件简到不能再简,只用一个中心事件和两三个主要人物来结构全篇,而把主要的笔墨花在人物心理描写和环境气氛渲染上,用情把声和事紧紧联结在一起,声随情起,情随事迁,使诗的进程始终伴随着动人的情感力量。

不仅如此,这两篇作品的抒情性还表现在以精选的意象来营造恰当的氛围,烘托诗歌的意境上。如《长恨歌》中"行宫见月伤心色,夜雨闻铃肠断声",《琵琶行》中"枫叶荻花秋瑟瑟"等诗句,或将凄冷的月色、淅沥的夜雨、断肠的铃声组合成令人销魂的场景,或以瑟瑟作响的枫叶、荻花和茫茫江月构成哀凉孤寂的画面,其中透露的凄楚、感伤、怅惘意绪为诗中人物、事件统统染色,让人在面对如此意境、氛围而心灵摇荡,不能自已。可以说,诗歌写到这种地步,白居易算得上新派诗歌的开山祖师了。

对白居易的创作风格不爽的大唐诗人大有人在。只不过那时的文化人打笔墨官司,不像现代人,有了分歧不是在理论上较量,而是去挖对手隐私。在对白居易不满的人中,名气最大的就是杜牧。

杜牧在晚唐,有着小杜甫的名声,从这个外号上看,就足以证明他在诗歌创作上的不凡。从身世上看,他出身大官僚家庭,其祖父当过大唐的宰相。这样家庭出身的人,只要不是纨绔子弟,志向要比普通人宏大许多。杜牧也确有大志,他很小的时候,就敢给兵书进行注说,向往贞观遗风,希望能恢复盛唐时期的大国风采。所以他才在诗歌中写道:"江东子弟多才俊,卷土重来未可知。"表明他虽然身处晚唐颓势,但如果能适逢圣主,他坚信自己还是能做一番事业的。

正是因为具有这种济世安邦的抱负,所以杜牧的诗歌风格追求高绝,不在文字雕饰上下功夫,写出来的诗歌,明快向上。哪怕在心情不好的情况下,他写出的诗歌内容,还是展现出一种勃勃向上的生机。如他在秋风飒飒的季节里,去为朋友扫墓时,没有半点萧肃的阴霾,而是"重到笙歌分散地,隔江吹笛月明中",一派英武的豪情跃然而出。

在杜牧的七绝中,最能代表他诗歌成就的还是写景抒情诗。杜牧的七绝写景,画意浓厚,形象洋溢着勃勃的生机,明丽的画面则给人隽秀之感。他的诗有的如姑苏名园,小巧别致,饶有情趣;有的似太湖奇石,平淡中见雅致,不经意处见匠心。在他的笔下,既有"溶溶漾漾白鸥飞,绿净春深好染衣"的汉江春色,也有"马放平沙夜不收""塞垣高鸟没狼烟"的边塞奇观,即使最高超的画家,似乎也难以用画笔描绘

出来。

杜牧的诗和白居易的诗是鲜明的对比,读白居易的诗,不需要有高深的知识,但看杜牧的诗,没读过几本书的人,是看不明白的。这就决定了两人的走红程度。所以杜牧对白居易名气之大是非常不服气的。他曾说:痛自元和已来,有元、白诗者,鲜艳不逞,非庄士雅人,多为其所破坏,流于民间,疏于屏壁,子、父、女、母,交口教授,淫言媟语,冬寒夏热,入人肌骨,不可除去。同时杜牧更明确地表示,一旦自己权在手,就会下令毁去白居易的诗歌作品,不让其流毒后世。

能如此表达对一个人作品的痛恨,足以说明杜牧和白居易在诗歌理论上的分歧之大。只是不管杜牧如何矫情,他想阻挡白居易诗歌流行的企图是难以实现的。

第三节 豪放和隐晦,都是诗歌表达的情

大唐的文人,即使是纯粹的政治家,也依然有着诗人的印记。可以说,在大唐当一个文人,转型非常方便,如果觉得做官不如意,没有前途,就马上去写诗,而且还能取得更高的成就,刘禹锡和李商隐就是这样的转型文人。

刘禹锡自小就有神童的美誉,他身边的人,无论是老师还是同学,或者邻居,都认为他将来是一个有大出息的人。而刘禹锡也不负众望,每一阶段的文化资格考试都是第一名,一直到进士中举,开始了做官生涯。

刘禹锡时代,正是藩镇割据和宦官专权的时代,对于这两个大唐政治的毒瘤,刘禹锡非常痛恨。因此,他加入了王叔文的革新集团,准备一显身手,改革大唐的政治风气。没想到,只风光了不到半年,改革就夭折了,而作为改革的主将,刘禹锡的日子自然也就不好过了,他被贬出了中央政府,开始了一生中漫长的贬黜生涯。

如果仅仅是被贬官,刘禹锡的日子也不见得不好过,偏偏他个性豪迈,是一个给点阳光就灿烂的人,即使在荒芜之地当一个可有可无的摆设的官,他依然充满了战斗的豪情,对未来抱有希望。在被贬期间,刘禹锡曾经有过一次重返中央政府的机会,但他在回到长安后,写了一首游览玄都观的讽刺诗,不仅没有被贬官的懊恼,相反,还以一种胜利者的豪情,宣告自己又回来了:"种桃道士归何处,前度刘郎今又来。"这样的人,其政敌自然不会让他好过。于是,不让刘禹锡东山再起,就成了他的政敌的主要任务。

就这样,刘禹锡一生都在蛮荒之地蹉跎了。从青年到老年,他再也没有在官场上风光过。好不容易在生命的暮年回到了大唐的中心地带,做了一名享福的官。面对命运的不公,刘禹锡依然没有改掉自己的本色。生命或许很快就要结束,但战斗的激情却永远长存。"沉舟侧畔千帆过,病树前头万木春",没能实现自己的政治理想,但自己所代表的历史信念,永远不会结束。

正是具有这样豪迈的气质,才使得刘禹锡的诗歌写得大气,即使在谪居的年月里,感到心里沉重苦闷,吟出一曲曲孤臣的哀唱,他也始终不曾绝望,有着一个斗士的灵魂。所以,刘禹锡有"诗豪"的美誉。

李商隐和刘禹锡相比,则是另一种风情。虽然他在出身上和李唐皇室存在着远亲关系,但皇室是出名的六亲不认,李世民连自己的哥哥、弟弟都杀,还把父亲囚禁起来,一个八竿子打不着的远亲,又怎么会被李唐皇室放在心上?自然是哪里凉快就在哪里待着去。

不能靠勋贵的身份去显达,就只能走考试这一条路了。李商隐自幼有神童的美称,他五岁就能读经书,七岁就能拿笔写文章,到了十六岁时,他就能写出漂亮的古文了。要知道,李商隐可是没有上过正规学堂的,他的书本知识大都是靠帮人抄书得来的。

李商隐悲剧的一生,在于结识了一个不该结识的人,就是他的老师令狐楚。令狐楚是老资格的官僚,对李商隐的才华非常欣赏,亲自教他如何写骈体文和奏章,为日后当官做准备。不仅如此,令狐楚在考期临近时,还送他路费,让他和自己的儿子一起去参加科举考试。可以说,作为老师,令狐楚是非常合格和有眼光的。

在考取进士后,令狐楚就去世了,在帮助办理老师的丧事期间,李商隐结识了泾原节度使王茂元,不但成为他的幕僚,后来还成了他的女婿。这本来也不算什么大事,但糟糕就糟糕在当时是牛李党争时期,王茂元属于李党,而令狐楚属于牛党。于是李商隐这种行为,就被牛党的人视为背叛。更糟糕的是此时李党风光期已过,而是牛党掌权了。于是李商隐的政治前途就因为当了节度使的女婿而走上了背运。

李商隐对自己的能力和才华很自信,但在官场,能力和才华不是升官的资本,背景和关系才是能依靠的因素。而就是这两个因素的缺失,让李商隐一辈子都没能在官场扬眉吐气。几经周转,李商隐都是当一些无足轻重的小官。无聊的官宦生涯,使得他开始调整自己的心态,淡化对政治的兴趣,开始专注于诗歌创作。

在诗歌创作上,李商隐的诗风随着年龄和经历的变化而变化,他早期的诗歌主要是学那种奇崛幽峭的风格和南朝清倩流丽的诗体,也有意加以仿效而写了许多歌唱爱情的诗篇。但在走进官场后,目睹了朝官大量被杀,宦官擅权等血淋淋的黑暗政局,思想和创作都发生了转变,写下了不少批判黑暗现实的政治诗。

虽然诗风变化明显,但李商隐最大的诗歌成就就是大量的无题诗。按照诗言志的风范,写诗都应该有一个明确的主题,但李商隐因为政治上的失意,只好把苦闷发泄在诗歌里,而他选择的内容又是当时不登大雅之堂的爱情题材。李商隐通过写爱情诗,把自己的不满隐晦地表达出来。

从内容上看,李商隐写无题诗,是不满自己的境遇,再结合他的实际,应该说他的无题诗是对自己的境遇表达不满。但诗歌的魅力在于不仅仅只从形式上去参悟,而是能揣摩出

一种朦胧意境的美。李商隐的无题诗,借着爱情的名头,展现出对人生的苦念和理想不能实现的悲情,再加上绚丽的辞藻,让人看了过目不忘。

李商隐的时代,是大唐的黄昏时代,即使夕阳依旧光彩夺目,也离消散不远了。也正是因为如此,李商隐才感叹"夕阳无限好,只是近黄昏"。他对自己的悲惨经历,对盛世大唐的风光不再,发出了悲鸣。一个时代结束了,而有着晚唐"小李白"名气的李商隐,也伴随着大唐的落幕而消失,留下的只有他瑰丽无比的诗篇。

第四节 语不惊人死不休的诗人

大唐步入晚期,诗人依然喷涌不绝,由于诗歌体裁的成熟,让中晚唐时期的诗人开始讲究诗歌的格律和辞藻的华丽,追求一种语不惊人死不休的创作境界。

贾岛出身贫寒,门第衰微,所以,有关他早年的事迹都没有什么记载。只知道他参加过科举考试,但没有考中,以至于活不下去了,只好出家当和尚。因为在当时的大唐,当和尚是一门高光的事业,具有许多特权。贾岛的心不大,只要能吃饱饭就行了。

虽然出家当了和尚,但贾岛对文学的喜爱却没有被禅堂的经文消磨,相反,寂静的禅房生活,磨砺了他追求诗歌的意志,让他有时间和耐心去一个字一个字地琢磨诗歌创作。

有一天,贾岛去长安成郊外,拜访一个朋友。他沿着山路找了好久,才找到朋友的家。这时,夜深人静,月光皎洁,贾岛的敲门声惊醒了树上的小鸟。不巧,这天朋友不在家,让他扫兴而归。本来是一件很平常的访友不遇的事,但到了诗人的笔下,一切又都不一样了:

闲居少邻并,草径入荒园。鸟宿池边树,僧推月下门。

过桥分野色,移石动云根。暂去还来此,幽期不负言。

诗写了就写了吧,但贾岛不然,在第二天骑着毛驴返回长安的半路上,他想起昨夜即兴写成的那首小诗,觉得"鸟宿池边树,僧推月下门"中的"推"字用得不够贴切,或许改用"敲"字更恰当些。但改了之后,又觉得推字更好。于是,他一边吟哦,一边做着敲门、推门的动作,不知不觉遇到了正在京城做官的韩愈。此时,韩愈正在仪仗队的簇拥下迎面而来。行人、车辆都纷纷避让,贾岛骑在毛驴上,比比画画,竟然闯进了仪仗队中。

好在韩愈是个文人,脾气不大,见贾岛这个样子,就问他为什么乱闯。贾岛就把自己作的那首诗念给韩愈听,并说其中一句拿不定主意是用"推"好,还是用"敲"好。韩愈听了,也帮他思索起来,想了一会儿,他对贾岛说:"我看还是用'敲'好,万一门是关着的,推怎么能推开呢?再者去别人家,

又是晚上,还是敲门有礼貌啊!而且一个'敲'字,使夜静更深之时,多了几分声响。静中有动,岂不活泼?"贾岛听了连连点头。

从此,推敲也就成为脍炙人口的常用词,而贾岛对词句的追求也因此出名,成为著名的苦吟派诗人。

讲究辞藻的诗人不止贾岛一个,比贾岛更出名的是另一位大诗人李贺。李贺是正儿八经的李唐宗室,但属于远亲,所以也没什么人把他这个宗室当回事。既然别人不待见自己,那就只有想办法让别人待见自己了。想什么办法?参加科举考试。在当时的大唐,如果能通过科举考试获得功名,那是一件极其荣耀的事。

李贺的才能要参加科举考试获得功名,应该不是什么太难的事。虽然进士考试很难,淘汰率高,但李贺是神童,童年就能写出华丽的诗文,十五六岁时,就已经和写乐府诗的先辈李益齐名了。

如此了得的一名后生,以至于连当时大名鼎鼎的文坛领袖韩愈都想认识他,亲自上门拜访。一谈之下,韩愈对李贺非常佩服,认为自己的诗不如他,鼓励他去参加进士考试。

就在大家都看好李贺能通过进士考试时,没想到出现了一个问题,因为李贺的父亲叫李晋肃,而李贺参加进士科考试,这个进士的进就犯了父亲的名讳。这纯粹是鸡蛋里挑骨头了,即使讲究避讳,也没理由避同音字的讳了。但坏就坏在李贺名气太大,只要他中了进士,就会被嫉妒的人拿这说事,考官们不愿承担这个压力,就劝李贺不要参加考试了。就这样,李贺的前途被自己父亲的名字毁了。

不能参加进士考试,对李贺的打击很大,好在有韩愈推荐,再加上有皇室背景,他后来好歹到长安做了个小官。仕途的不得意,催生了他的诗歌创作热情。他的诗歌受楚辞、古乐府、齐梁宫体诗、李杜、韩愈等多方面影响,经自己熔铸、苦吟,形成一种独特的风格。

李贺的诗最大的特色,就是想象丰富奇特、语言瑰丽奇峭。从他的诗歌内容上看,上访天河、游月宫、下论古今、探鬼魅,想象神奇瑰丽、旖旎绚烂。语言刻意锤炼,造语奇隽,凝练峭拔,色彩浓丽,创造出了许多精警、奇峭而有独创性的诗句。

李贺诗歌的一大特点就是以古体诗和乐府诗见长,李贺在乐府诗的继承和创新方面做出了杰出贡献。他的诗借古寓今,或讽或叹,灵活多变,涣然有新意。同时代的白居易、元稹、张籍、王建都是两派乐府的开创者,但李贺和他们比较,不差分毫。李贺特别擅长短篇,如《天上谣》《梦天》《帝子歌》等,被后人认为是"长吉体"的代表作。在唐代,李商隐、温庭筠的古诗,就是走李贺所开辟的道路。宋人贺铸、周邦彦、刘克庄、谢翱、文天祥,元人萨都剌、杨维桢,明人汤显祖,清人曹雪芹、黎简、姚燮,都受到李贺诗的影响。

有如此成就的诗人,却非常年轻,且英年早逝。李贺死的时候,只有二十七岁。要知道文学才能也是需要积累的,

一个二十七岁的年轻人能成为诗坛宗师，除了说明他具有天才的能力之外，找不到其他的理由来解释了。

第五节 唐诗是谜也动人

大唐的诗歌绚烂，留下了无数美妙的诗句，同时，因为唐诗题材广泛，写法多样，也留下了许多令人费解的谜团，有些唐诗的谜团，即使到现在，也没有能解开。

20世纪90年代末，年轻的歌手毛宁在春晚唱了一首《涛声依旧》，而这首歌，也成为那个时代最红的歌曲。《涛声依旧》不但取材于唐诗，其中最能打动人的美感，也是对唐诗的诠释。这首诗，就是唐代诗人张继的《枫桥夜泊》。

张继在大唐的事迹不显赫，除了中过进士，当过一段时间的小官之外，就没有什么值得书写的地方。但仅仅因为写了一首《枫桥夜泊》，就使得对他的研究延续了千年，而且还没有看到中断的趋势。

在唐代诗人中，张继不是大家，恐怕也算不上名家，但《唐诗品汇》却把他的七言绝句列入"接武"一级中，这是唐诗的最高等级。如果千年绝唱《枫桥夜泊》没有留存下来，可能现在不会有什么人记得他的名字。这首诗是历代编撰唐诗的文集必选的诗歌，是唐诗名篇之一。可以说，张继是典型的因诗而得名的诗人。

《枫桥夜泊》是写一种旅途的愁绪，张继夜晚在江边的小船上住宿,因为心绪不宁,辗转难眠,于是就写下了这首诗:"月落乌啼霜满天,江枫渔火对愁眠。姑苏城外寒山寺,夜半钟声到客船。"平凡的桥,平凡的树,平凡的水,平凡的寺,平凡的钟,经过诗人艺术的再创造,就构成了一幅情味隽永幽静诱人的江南水乡夜景图。而从这绝美的江南水乡夜景当中,更能让人感受到一种弥漫在心中的愁绪。此诗更具神韵的是后两句,那寒山寺的夜半钟声,不但衬托出夜的宁静,更在重重地撞击着诗人那颗孤寂的心灵,让人感到时空的永恒和寂寞,产生出有关人生和历史的无边遐想。这种动静结合的意境创造,最为典型地传达了中国诗歌艺术的韵味。

如果说这首诗只是写绝了游子心中的愁绪也还罢了,更吸引人的地方在于里面蕴藏的谜团。枫桥在苏州,苏州的江边不长枫树,那诗中的"江枫"作何解呢?千百年来,名家的注释都是枫树,难道大家都是睁眼瞎吗?诗歌讲究的是意境,但对于一首写实诗,张继肯定不会去虚构一种不存在的东西吧?

对于江枫到底是什么东西,千百年一直都有人试图解释,有人说应该是江枫桥,但枫桥是因为张继的这首诗得名,而且没有枫,当地人怎么会为一座桥起名枫桥呢?还有人在宋代的一件瓷器上找到了这首诗的另一个版本,上面写的不是"江枫渔火对愁眠",而是"江村渔火对愁眠"。从"村"上看,倒是符合写实景的要求,但这个"村"字也缺乏诗意,怎么读,都觉得拗口,不像"枫"字能给人更多的联想。

如今到底是"江枫"还是"江村",已经无法让后人知道准确的答案了,但这就是唐诗的魅力所在,如今,每一个到苏州寒山寺去游览的人,站在枫桥旁,纵然有万般才情,脑海里涌出的诗句只有这首《枫桥夜泊》。

唐诗的伟大,不仅在于涌现了许多有名的诗人,还有更多的无名诗人,也留下了脍炙人口的诗篇,如"劝君莫惜金缕衣,劝君惜取少年时。花开堪折直须折,莫待无花空折枝"。这是一首意境很简单的诗,就是劝人要抓住机会及时行乐。这种思想,是典型的晚唐时期的思想,与盛唐诗人那种奋勇进发的豪情相差甚远,只有身处晚唐时期,因为社会不太平,过了今天不知道明天的现实,才不得不让人发出如此的感慨。诗的意境谈不上高大上,但从诗歌的格律和辞藻雕琢上看,这要是在今天,肯定属于网红作品。

大唐诗歌是男人的属地,但也会有一抹靓丽的脂粉色。大唐的女诗人虽然数量不多,但在诗歌上所展现的才华,却一样让人称奇。

薛涛本是官家小姐,少时就十分聪慧灵秀。因父亲薛郧早逝,她与母亲相依为命。后来她为了生活不得不入乐籍,当了一名歌姬。大唐晚期,节度使成为大唐社会的祸害,薛涛也只得依附剑南节度使韦皋。

一次酒宴中,韦皋让薛涛即席赋诗,薛涛提笔写就《谒巫山庙》,诗中写道:"朝朝夜夜阳台下,为雨为云楚国亡。惆怅庙前多少柳,春来空斗画眉长。"韦皋看罢,拍案叫绝。从此薛涛声名鹊起，成为侍宴的不二人选，也很快成了韦皋身边的红人。

身为闻名遐迩的才女，加上受到士大夫们的赞美、宠爱甚至追捧，芳龄二十的薛涛不免恃才傲物、恃宠而骄，要是在一个文人身边当歌姬，这样的性格也还罢了，但韦皋是名武夫，只有别人奉承他的分，怎么会有闲情逸致去逗趣一个女人呢？于是生气的韦皋把薛涛罚去边地松州。

碰到不会怜香惜玉的武夫，薛涛只好自认倒霉，后来薛涛隐居成都浣花溪畔，并脱离了乐籍，过起了低调的日子。薛涛死后，时任西川镇帅的李德裕专门写诗祭悼，还把写好的悼诗寄给远在苏州的刘禹锡。刘禹锡不甘落后，也郑重写了和诗，写好后，又把诗作送寄给白居易。白居易看了几个好友写的诗，反复揣摩了薛涛的诗，就有了不胜沧桑的悲观感受。

一位女诗人的死，能得到当时几位大文豪的悲叹，并为之写诗哀悼，薛涛可以说是有史以来的第一人。

附　录

大唐皇帝之最

开国皇帝李渊,五十二岁当皇帝,建立唐朝,在位八年,但生命的最后三年时间里,他是有名无实的太上皇。李渊是大唐第一个当太上皇的皇帝,也是历史上第一个以开国皇帝身份当太上皇的皇帝。

贞观天子李世民,跟随父亲李渊一起打天下,册封秦王。后来与太子争位,发动玄武门政变,杀死大哥李建成和弟弟李元吉,囚禁父亲李渊,于公元 626 年登皇帝位,时年二十七岁。李世民在位二十三年,五十岁因为吃丹药去世。李世民是大唐第一个通过政变上位的皇帝,也是第一个死于丹中毒的皇帝。

唐高宗李治是李世民的第九个儿子,公元 649 年即位,当时只有二十一岁,在位二十四年,是大唐更换年号最勤的皇帝。

唐中宗李显,公元 684 年即位,当时是二十八岁,但一个月后就被武则天废黜,一直到公元 705 年后才重新即位。五十四岁被自己的皇后和女儿毒死。李显不仅是大唐第一个被废黜的皇帝,也是第一个"二次回锅"当皇帝的皇帝,还是第一个非正常死亡的皇帝,且是死在自己的皇后和女儿之手。

唐睿宗李旦,公元 684 年即位,当时二十二岁。他是大唐第一个以弟弟身份即位的皇帝，六年后，被自己的母亲武则天废黜。但二十年后，李旦又接替哥哥李显，再一次当了皇帝。李旦是大唐第一个两次接替自己的哥哥当皇帝的人。

圣神皇帝武则天，是中国历史上唯一的女皇帝，公元690年称帝，改大唐为周，时年六十六岁，公元705年去世，去世前留下遗嘱，去帝号，恢复大唐皇后身份。

唐玄宗李隆基，公元712年即位，时年二十七岁，在位四十四年，死时七十七岁。李隆基是大唐在位时间最长的皇帝。

唐肃宗李亨，公元756年即位，时年四十五岁，在位六年，死时五十一岁。李亨是即位年纪最大的大唐皇帝，也是第一位经历战乱的皇帝，一直到死都没有平息大唐最大的叛乱——安史之乱。

唐代宗李豫，是李亨的长子，公元762年即位，当时三十六岁，在位时间十七年，去世时五十三岁。李豫是大唐第一个以长子身份当皇帝的，也是第一个借助太监力量当皇帝的。

唐德宗李适，公元779年即位，当时三十七岁，在位时间二十六年。李适是确立两税法的第一位皇帝，也是被节度使赶出京城的第一位皇帝。从他开始，节度使开始享有大权。

唐顺宗李诵，公元805年即位，当时四十四岁，在位时间约半年便被逼退位，806年去世。李诵是大唐第一个被宦官逼迫退位的皇帝。

唐宪宗李纯，公元805年即位，当时二十六岁，在位时间十五年，去世时四十二岁。李纯是大唐后期第一个也是唯一一个在与地方节度使交锋时获胜的皇帝。

唐穆宗李恒，公元820年即位，当时二十五岁，在位时间四年，去世时二十九岁。李恒是有皇帝儿子最多的大唐皇帝，他的三个儿子先后都当了皇帝。

唐文宗李昂，公元827年即位，当时十八岁，在位时间十三年，去世时三十一岁。李昂是大唐皇帝中第一个想起兵杀死掌权宦官的皇帝，但是事情没有成功，反而被宦官控制。

唐武宗李炎，公元840年即位，当时二十六岁，在位时间六年，去世时三十二岁。李炎是大唐第一个发动灭佛的皇帝。

唐宣宗李忱，公元846年即位，当时三十七岁，在位时间十三年，去世时四十九岁。李忱是大唐第一个以叔叔身份继承侄子皇位的皇帝。

唐懿宗李漼，公元860年即位，当时二十七岁，在位时间十三年，去世时四十岁。李漼是大唐第一个经历农民起义的皇帝，是大唐灭亡的第一责任人。

唐僖宗李儇，公元873年即位，当时十一岁，在位时间十五年，去世时二十六岁。李儇是大唐第一个被农民起义军赶出首都的皇帝。

唐昭宗李晔，公元888年即位，当时二十一岁，在位时间十六年,去世时三十七岁。李晔是大唐第一个被权臣杀死的皇帝。

　　唐哀帝李柷,公元904年即位,当时十三岁,在位时间三年,死时十六岁。李柷是大唐最后的皇帝。